법은
어떻게
독재의 도구가
되었나

법은 어떻게 독재의 도구가 되었나

2012년 8월 31일 초판 1쇄 펴냄
2013년 6월 12일 초판 2쇄 펴냄

펴낸곳 (주)도서출판 삼인

지은이 한상범 이철호
펴낸이 신길순
부사장 홍승권
편집 김종진 김하얀
마케팅 한광영
미술제작 강미혜
총무 정상희

등록 1996.9.16 제 10-1338호
주소 120-828 서울시 서대문구 연희동 220-55 북산빌딩 1층
          (서울시 서대문구 성산로 312)
전화 (02) 322-1845
팩스 (02) 322-1846
E-MAIL saminbooks@naver.com

표지디자인 ZINO DESIGN
본문디자인 김효중
제판 한국커뮤니케이션
인쇄 영프린팅
제책 쌍용제책

ISBN 978-89-6436-048-4 03360

값 13,000원

법은 어떻게 독재의 도구가 되었나

한상범 · 이철호 지음

삼인

머리말

한국 민주주의의 현주소는 어디인가? 한국 민주주의를 몇 점이라고 평가할 수 있을까? 민주주의를 '형식적 민주주의'와 '실질적 민주주의'로 나눈다면 한국에서 형식적 민주주의의 성숙도는 높아졌다고 볼 수 있다. 하지만 실질적 민주주의는 논자에 따라서 여전히 극과 극의 평가로 나뉜다.

이명박 정부 아래서 한국 사회는 민주 시대에서 '독재 시대'로 역주행逆走行했다. 이를 통해 우리는 민주주의라는 것이 조금만 관심을 게을리해도 쉽게 뒷걸음친다는 사실을 처절하게 체험했다.

1998년 김대중의 집권을 기점으로 선거를 통해 극우 군사독재 세력을 물리친 지 14년이 됐지만, 우리 사회에는 여전히 박정희 군사독재 체제의 복고를 바라는 구세력의 준동蠢動이 계속되고 있다. 또한 우리들의 마음속에는 부지불식간에 여전히 군사독재 시절의 의식구조가 남아 있다.

수평적 정권 교체를 이루어 민주 정부 집권 10년 동안 이룩한 민주화 성과들이 현 이명박 정부 들어 사회 각 분야에서 급속도로 퇴행의 길을 걷고 있다. 그 단적인 예가 민간인 사찰, 불온서적 목록의 부활, 미네르바 사건, 국가가 국민을 명예훼손으로 고소한 사건, 국가인권위원회의 파행적 운영 등이다. 또한 정치권을 비롯한 사회 곳곳에서 여전히 막가파식 색깔론이 펼쳐지고 있다. 이는 '용공 조작'이 횡행했던

1970~1980년대로 회귀한 듯한 모습을 보여 준다.

보수 세력은 언론을 장악하지 못해 10년 동안 정권을 빼앗겼다고 보는지, 특히 공중파 방송을 장악하려고 방송법 등을 개악 날치기 처리해 종편(종합편성채널)을 자신들의 의도대로 편성하며 언론 환경을 틀어쥐고 있다. 인권은 날개 잃은 새처럼 급속히 추락했고, 세계 각국의 부러움의 대상이던 '국가인권위원회'는 제 목소리를 내지 못하고 권력의 시녀로 전락했다.

민주주의가 진전되고 성숙될수록 과거의 잘못된 부분을 망각하지 말아야 한다. 이러한 관점에서 과거 군사독재 정권의 지배 법리法理와 지배 수법(통치 수법)을 다시 돌아보고 점검하자는 의미에서 이 작업을 시작했다.

필자들은 1998년 수평적 정권 교체를 시작으로 민주 세력에 의한 집권이 최소한 네 번은 이루어져야 실질적 민주주의가 달성될 것이라고 보았다. 만에 하나 그사이 군사독재 세력들의 아류나 그 추종 세력들이 다시 집권한다면 그동안 이룩한 민주화가 급속도로 퇴보할 것이라고 우려했다. 그런 우려는 불행하게도 이명박 정부가 집권하자마자 현실로 나타났다.

이명박 정부 들어 다시 확인한 교훈은 민주주의는 쉽게 이루어지지 않으며, 민주주의 세력이 약화되거나 민주적인 감시와 통제가 소홀히

될 때 언제든지 순식간에 퇴행할 수 있다는 점이다. 또한 진정한 민주주의는 독재자 한 명이 사라졌다고 해서 이루어지는 것이 아니라 그 독재자와 독제 세력을 뒷받침하던 '독재 체제'를 청산해야 이룩될 수 있다는 점이다.

군사독재 정권의 지배 법리와 지배 수법은 세계에서 유례가 없다. 감시의 일상화와 인권 탄압, 언론 공작을 통한 지배, 권력분립을 부정하면서까지 저지른 사법부에 대한 탄압과 조작, 용공·간첩 조작 사건과 공작 정치에 놀아난 일부 사법부 구성원, 학원계와 노동계에 대한 탄압과 공작 등 그 지배 수법은 사회 전 방위에 걸쳐 있다. 물론 일제강점기 일본과 친일 세력들이 저지른 잔재와 악습을 그대로 답습한 부분도 많다.

이명박 정권이 역사 교과서를 개편한 목적은 이승만과 박정희 두 정권의 독재를 미화하는 데 있다고 본다. 이승만과 박정희 두 독재 정권의 뿌리는 일제강점기 친일 군벌 등 친일 모리배謀利輩들이며, 이들은 일제 패망 후 미군정과 이승만 정권에 의해 중용重用되면서 친일을 '반공反共'으로 분칠하며 생존했다. 일제강점기 친일파 군상들과 (군사)독재자와 그 추종 세력들이 살아남으려고 내건 구호가 '반공'이었고, 그들은 반공 구호 아래 독재와 헌정을 파괴하고 인권을 유린했다. 독재자와 독재 정권의 추종자들은 정권이 벼랑 끝 위기에 몰릴 때마다 반공을 앞세워 헌정을 유린하고 국민을 탄압했다.

민주주의가 퇴행하고 있는 지금 시점에서 독재 정권의 지배 법리와 지배 수법을 되돌아보고 이를 토대로 역사와 민주주의가 역주행하지 않도록 브레이크를 점검하자는 것이 이 책의 출간 목적이다.

이 책은 우리 사회가 절차적 민주주의를 넘어 실질적 민주주의로 전진하던 시기에 구상되기 시작했다. 그러나 필자들의 여러 사정에 의해 출간이 계획보다 많이 늦어졌다. 그렇지만 그동안 발표한 논문들과 다른 사례 등을 추가할 수 있어 다행이다. 원고를 탈고하고 보니 부족하고 보완해야 할 부분이 눈에 많이 띈다. 미진한 부분은 계속하여 보완해 나갈 계획이다.

이 작은 책자가 군사독재 체제의 아류와 그 수혜자들이 기득권을 항구화하려는 작업에 제동을 걸고 역사의 퇴행을 막는 불쏘시개 역할을 할 수 있다면 더할 수 없는 보람이겠다.

2012년 8월
한상범, 이철호

차례

머리말 4

여는 글   헌법제도와 법문화의 수준 11
- 헌법제도와 법문화의 수준: 쿠데타의 길을 터놓은 취약 구조   14

제1장   한국 독재 정권의 기본 지배 수법 27
- 한국식 군정 지배의 기본 수법: 계엄통치와 공작(정보) 정치   29
- 독재 정권과 군사문화의 정치 전술: 작전 계획, 공격 · 격멸,
  모략과 법률을 이용한 제압 수법 등   32

제2장   1961년 5.16 쿠데타의 법 기술과 지배 구조의 구성 35
- 메이지유신과 일제하 2.26 쿠데타가 박정희 등에 끼친 영향   37
- 한국 정부의 이승만 국부 체제와 문관 지배의 부실성   38
- 악법의 양산과 법령의 왜곡된 해석 적용   41
- 헌법의 국가 긴급 장치의 남용 및 정치 조작으로서의 개헌과
  권위주의 헌법 체제   43
- 일제 식민지 지배 정책의 답습: 도나리구미를 모방한 애국반(반상회)에서
  국민정신총동원운동을 모방한 국가재건국민운동까지   48
- 어용학자와 어용교수의 방조:
  국가재건비상조치법 해설부터 유신 쿠데타 홍보의 나팔수까지   52

제3장   독재의 수법으로서의 법 기술 57
- 독재에서 법 기술의 악용과 왜곡 문제   59
- 법치주의를 외견화한 관치와 독재 수법으로서의 법 기술   67
- 법률관의 문제와 법학에서 권리의 과제   79

제4장 독재 정권의 지배 수법 83

• 위헌적 입법기구를 통한 헌정 파괴의 정당화 수법 85
• 간첩 조작 및 용공 조작 사건을 통한 지배 수법 92
• 정보기관 등 억압기구와 관계기관 대책회의를 통한 사회통제 수법 99
• 국민투표를 악용한 쿠데타 정당화 수법 102
• 매카시즘을 통한 지배 수법 110
• 강제징집과 녹화사업을 통한 지배 수법 117
• 사찰·미행·도청을 통한 감시의 일상화 지배 수법 124
• 정치적 테러리즘을 통한 정치 테러의 지배 수법 129
• 정치활동규제법률을 통한 반대파 및 정적 제거 수법 130
• 대중 동원과 통제 체제를 통한 지배 수법 136
• 강제노동 및 사회악 일소 캠프를 통한 지배 수법 138
• 표현의 자유를 통제하는 지배 수법: 필화 사건과 금지곡 142
• 사법살인을 통한 정적 제거 지배 수법 155
• 블랙리스트 제도를 통한 지배 통제 수법 164

제5장 《민족일보》 사건 재판의 법률적 조명 169

• 사법살인으로서의 《민족일보》 사건:
  식민사법의 잔재와 반민족 독재 권력의 악법과 법 조작의 역사 171
• 반혁명으로서 5.16 쿠데타의 반동 성격 173
• 《민족일보》 사건에서 문제된 사항에 대한 검토 179
• 법률로 포장한 반(反)혁명 테러리즘으로서의 사법살인:
  《민족일보》 사건의 정리를 위하여 192

닫는 글 독재 체제를 넘어 실질적 민주주의로 195

헌법제도와
법문화의 수준

해방 후 반세기 이상 이어 온 우리의 현대사는 부끄러운 과거로 얼룩져 있다. 그럼에도 우리는 스스로 비판하고 자성해서 청산하고 극복해야 할 과거를 아는 채, 모르는 채 얼렁뚱땅 지나왔다. 그래서 아직도 친일파가 판치고 있고, 그것을 잘 모르는 철없는 젊은이들은 일제의 찌꺼기를 우리 것인 양 착각해서 낡고 썩은 문화유산을 보존하여 독재와 부정 축재의 주역들을 기쁘게 해 준다.[1] 무엇인가 좀 안다고 하는 지식인들은 곧잘 자학하고 자조自嘲하며 냉소주의자가 되어 겉돌게 된다. 그런가 하면 일부 지식인들은 끊임없이 이어진 기득권과 부패 세력의 앞잡이가 되어 편안히 사는 길로 들어선다. 이래서는 우리에게 미래가 없다.

결국 정치권력의 문제는 그 나라 문화 수준 문제라는 말밖에 할 수가 없다. 왜 우리가 이 지경이 됐는지 자성해 보면 결국 과거에 대한 올바른 시각과 그에 따른 청산이란 진통을 기피해 온 데서 원인을 찾을 수 있지 않을까? 적당히 사는 것으로 자족하는 민족은 결국 망하고 만다. 오죽하면 한국을 아는 한 외국인이, 한국의 현대사가 지배층이 안이한 삶의 구조 속에 안주하기 위한 배신과 반역으로 얼룩져 있다고 해서 자신의 책 제목을 『한국의 양지』라고 지었을까?[2]

여기에서는 우선 쿠데타가 허용되기 쉬운 취약 구조를 가진 우리 헌

---

[1] 우리의 법의식과 법제도나 관행, 관례 등속에 남아 있는 일제 잔재를 우리 것으로 많은 사람이 착각하고 오해한다. 그러나 일제 잔재의 유지·존속은 우리 민족정기로 봐서도 문제가 될 뿐만 아니라 무엇보다 민주 발전도 저해한다[한상범 편저, 『일제 잔재, 무엇이 문제인가?』(법률행정연구원, 1996), 3쪽 이하 참조].
[2] 그 책은 다름 아닌 브루스 커밍스(Bruce Cumings)의 『Korea's Place in the Sun: A Modern History』(Norton, 1997)이다.

법제도와 법문화 수준부터 살펴보기로 한다.

헌법제도와 법문화의 수준:
쿠데타의 길을 터놓은 취약 구조

헌법제도에서 메이지헌법(1889년)의 잔재와 헌법 의식의 빈곤

독일에서 근대 헌법을 제정하려고 시도할 적에 프리드리히 실러 Friedrich Schiller는 "헌법을 만드는 것 이상으로 중요한 것은 헌법을 지키는 시민을 만드는 일"이라고 했다. 패전 후 독일이 나치즘의 폐허에서 민주주의를 세우려고 할 적에, 학자들은 앞다투어 헌법 제정의 중요성 못지않게 헌법에의 의지의 중요성을 다시 역설했다. 이러한 시행착오 속에서 독일인은 역사에서 무엇인가 배웠다고 평할 수 있다. 이는 우리 스스로를 돌아보자는 뜻에서 하는 말이다. 이토록 남의 일을 들어서 우리 일을 말하자는 것은 그만큼 당연한 것도 당연하게 받아들이지 못하는 우리의 현실이 안타깝기 때문이다.

1948년, 남북은 미·소 양대 강국의 3년간의 군정을 통한 정치 실습 기간을 거쳐 각기 다른 헌법을 제정해서 각기 다른 정부를 수립했다. 당시 남한의 실정은 하루 빨리 자주독립을 해야겠다는 긴급한 당면 목표와 헌법 제정이 맞물려 있었다. 시민혁명을 통해 헌법이 제정된 서구 국가에서는 헌법 제정이 자유와 민권 쟁취의 기록으로서 투쟁의 목표에 이르는 과정에서 승리의 기록을 의미한다. 그런데 비非서구 국가들이 근대화를 겪거나 신생국으로 독립해 헌법을 제정하는 경우는 사정이 좀 다르다. 1889년 일본의 메이지헌법은 일본이 서구 제국주의의 식민지로 전락하게 된 위기 상황에서 **국민국가의 법 체제로서의 요건**을 충족하고자 위로부터 급작스럽게 제정됐다.[3] 한편 제2차 세계대전 이후 아시아 등 신생국가는 식민지에서 벗어나 새 나라를 세우는 법률적 요건과 제도로서 헌법을 제정했다. 그래서 자유를 위한 구체제와 그 세력에 대한 투쟁보다 외세와의 단절과 자립이 급선무였다. 우리가 그러했다. 여기서 몇 가지 문제가 남았다.

무엇보다 가장 큰 문제는 구체제의 이념과 폐습 및 그 잔존 세력에 대한 청산이 미진했다는 점이다. 특히 우리는 조선 왕실이나 그 세력, 조선 왕조 정통 이데올로기인 유교에 대한 비판적 청산은커녕 그 구세력이 일제에 의한 피해자로서 동정의 대상이 된 채 정치적 대차대조표貸借對照表조차 정리하지 못하고 지나왔다. 이는 민주화 과정에 아주 치명상을 끼친 보수·수구 반동 세력과 그 이념 및 폐습을 온존하는 결과를 불러왔다.[4]

---

[3] 메이지헌법〔대일본제국헌법(大日本帝國憲法)〕(1889년) 제정은 일본이 1853년 개항 이래 구미 열강 제국주의 국가와 체결한 불평등조약을 폐기하기 위한 법적 체제 정비의 일환이었다. 메이지유신(1868년)은 왕정복고를 이룩한 개혁이 밑으로부터의 시민혁명이 아니었기 때문에 재야의 헌법 제정 요구에는 민권이 주도할 힘(역량)이 부족했다.

[4] 조선 왕조의 이념 체제와 양반 지배층에 대한 밑으로부터의 총체적 비판과 극복이라는 과제는 해방 이래 지금까지도 제대로 수행되지 못했다. 그로 말미암아 수구 봉건 세력은 반성하지 않고, 조선 왕조 체제와 지배층의 과오나 한계도 면죄부를 얻는 결과가 됐다. 한편 국민은 민주적 의식의 각성을 통해 다시 태어날 개혁의 계기를 상실했다.

다음으로 위에서 말한 것 못지않은 취약점은 헌법을 **자유에의 기술**로 보아, 싸워서 쟁취한다는 의식 없이 국가법 체제의 일부로 만들어 세운다는 인식에 그침으로써 결국 두고두고 헌법 의식의 빈곤으로 이어지게 됐다는 점이다.[5]

1948년의 5월 10일 국회의원 총선거는 그러한 정치의식의 미숙과 정치 조건의 취약이란 여건하에서 진행됐다. 우선 선거를 통해 대표를 뽑는다는 것 자체가 역사상 최초일 뿐만 아니라, 민중들은 공사公事에의 참여가 차단된 식민지하에서 피지배자인 수동적 신민臣民으로서의 의식구조를 벗어나지 못한 상태였다. 국회의원 당선자의 면모를 보면 일제강점기 시절 친일파가 상당수였고, 심지어 그 당시 면사무소에서 임시고용원으로 있다가 일제 패망 후 인심이 좋은 인물로 호감을 사서 국회의원이 된 사람부터 종친회를 배경으로 된 사람에 이르기까지 각양각색이었다. 물론 독립운동가나 명망가, 각계 유지가 있었던 것을 부정하는 것은 아니다.

당시의 선거는 지금처럼 후진국형型 기호記號투표제였다. 후보 이름을 투표권자가 직접 써넣는 기재記載투표가 후진국에서는 문맹 때문에 시행되지 못해서 대개 편법으로 시행하는 것이 기호투표이다. 지금처럼 후보자를 아라비아숫자로 표시하지 않고 바를 정正 자 모양으로 작대기를 사용해서 표시했다. 인도처럼 황소로 표시하는 것보다는 덜 유치하지만 **기호투표**인 것은 마찬가지였다. 현재도 아라비아숫자로 표시

---

[5] 한국의 제헌 과정에서는 시민혁명의 역사에서 보이는 헌법 투쟁의 과정이 생략됐다. 해방 자체가 연합군에 의한 일제 패망의 결과였기 때문이다. 그러나 과거에 대한 민족의 주체적 심판은 이루어졌어야 한다.

된 곳에 붓 뚜껑으로 도장을 찍고 있는데, 이러한 원시적 상징 표시를 사용해 투표하는 방식은 우리가 여전히 우민愚民 수준임을 보여 준다. 그래서 **피아노표**[6]라 불리는 협잡挾雜 표 조작이 일어나고, 붓 뚜껑 표시를 두고 어느 쪽 후보냐 하는 시비가 일고, 숫자에 대한 유권자의 선입견이나 미신적 편견이 후보의 기호 숫자에 유리하거나 불리하게 작용하는 원시적 정치문화[7] 속에 정치적 우민화가 계속되고 있다. 이러한 정치문화는 원시적 미신에 의한 우민화나 구체제적 봉건 잔재의 역기능을 남겨 둔 채 국부國父로, 카리스마로 상징 조작된 이승만의 독재獨裁인지 전제專制인지 모를 전근대적 왕조 정치형 지배를 가능케 했다. 또한 이러한 정치적 후진성은 헌법 수호의 인식을 불모지대로 해서 국민들을 쿠데타 세력에 대해 무방비적인 수동적 피지배자로 만들어 냈다. 1961년 5.16 쿠데타가 시민의 아무런 반발이나 저항도 없이 진행되고 기정사실화된 배경이 여기에 있다.

첫 번째로 유진오가 기초한 제헌 헌법은 메이지헌법의 잔재가 쿠데타 세력에 악용될 여지를 너무나 많이 제공했다. 일부 학자는 유진오가 제헌할 당시 헌법의 기초에 바이마르헌법(1919년)의 영향을 많이 받았음을 들고 있다.[8] 필자가 보기에는 그러한 영향이 주로 수정자본주의의

---

[6] 자유당 집권하에서 개표 종사원이 손가락에 낀 고무도장으로 야당에 찍은 투표지를 무효로 조작하려고 덧칠하듯 다시 찍어 버리는 것을 **피아노표**라고 했다.

[7] 여소야대(與小野大) 같은 특수한 경우를 제외하고는 대개 국회 제1당은 여당이다. 그래서 기호 1번이 되는 여당이 항상 유리하다는 말이다. 우리나라에는 숫자에 대한 미신이 특히 강하기 때문에 몇 번 기호가 되는지가 아주 중요하다.

[8] 김철수의 유진오 헌법 구상에 대한 평가는 김철수, 「유진오의 헌법초안에 나타난 국가형태와 정부형태」, 《한국사 시민강좌》 제17집(일조각, 1993) 참조.

복지국가적 지향의 수용에서 나타나는데, 그것은 대개 장래의 이상이나 계획일 뿐이며,[9] 실제로 헌법 정치에서 구체적으로 문제가 되는 헌법상의 제도는 메이지헌법의 영향이 크고, 그것이 결국 이후에 우리 헌정에서 결정적으로 작용하게 된다.

구체적으로 먼저 국가긴급권제도로서 계엄과 긴급명령, 긴급재정명령, 긴급재정처분의 제도를 들 수 있다. 유진오는 일본제국의 파산이 군벌의 횡포와 문관 지배의 실패로 말미암았음을 가볍게 본 듯하다.[10] 계엄제도만 해도 바이마르헌법이 아닌 메이지헌법에서 그대로 따왔는데, 결국 군이 계엄사무의 모든 권한을 장악할 수 있도록 했고 정부(내각)가 군부의 독주에 제동을 걸 수 있는 어떤 장치도 설치하지 않았다. 프랑스 제4공화정이나 제5공화정에서의 제도보다도 엉성하기 짝이 없다. 계엄 선포에 대한 사전 제약으로서 의회 의장단이나 어떤 기관에 의한 견제 장치도 없다. 계엄 기간에 어떠한 제한도 두지 않았으며, 계엄사무의 관장과 계엄업무의 집행이 군의 독점 관할이 되어 버리고 말았다. 특히 계엄포고령은 입법의 백지위임과 같은데 아무런 헌법적 · 법률적 견제가 없다. 필자(한상범)는 1980년 계엄사무소의 검열사무를 엿보다가 이를 알고는 깜짝 놀랐다.[11] 군인이 누구의 제약도 없이 언론

---

9 유진오의 이른바 **경제적 민주주의**의 지향인 복지국가 정책을 위한 사회권 규정이나 수정자본주의적 경제 질서 규정은 대표적으로 근로자의 이익균점권을 비롯해서 대개 강령으로 머물렀다. 유진오는 기본권 규정을 재판 규범으로 보지 않고 하나의 방침 정도로 보고 있다(유진오,『신고 헌법해의』(일조각, 1958)).

10 일본 메이지헌법하에서 군벌 독주가 통수권 등 헌법 규정의 애매모호한 규정을 잘못 해석한 데에도 원인이 있었다. 이 점을 유진오는 주의 깊게 참고했어야 한다. 군부(軍部) 발호 예방이나 긴급권 남용 방지에 대한 장치가 우리의 헌법 자체에 부족했기 때문에 문제가 생긴 것도 지적되고 검토되어야 할 것이다.

검열의 총체적 권한을 가진다면 이는 이미 군인이 지배하는 군사 국가가 아닌가? 게다가 **계엄포고령**은 국민의 자유와 권리를 제한하고 처벌하는 내용의 입법행위이다.[12] 어떠한 입법기관도 그렇게 만능의 입법 행위를 할 수는 없을 것이다. 유진오가 기초한 헌법은 이 점에서 군부가 집권하는 데 엄청난 틈바구니를 터 준 격이 됐다.

두 번째로 제헌 당시나 지금의 예산제도가 메이지헌법을 그대로 답습하고 있는 점을 지적할 수 있다. 이렇게 재정 민주주의나 재정 입헌주의의 규정이 취약한 경우는 1850년의 프로이센헌법이나 1871년 독일제국의 헌법 정도밖에 없다. 이는 영국, 미국, 프랑스 등 입헌국가에는 전례가 없는 행정부 본위의 제도이다. 예산 편성 및 제출권이 행정부 고유의 권한으로 되어 있고, 증액 수정도 행정부의 동의를 얻어야 하며, 그 책임도 의회주의의 본 취지를 존중하지 못하고 있다. 이를 바탕으로 군사정권은 결국 1961년 쿠데타 이후 공공요금까지 행정부가 마음대로 할 수 있게 고쳐 놓았다. 예산 집행에 대한 결산 심사와 책임도 의회에 있는지 없는지 맥을 못 추는 제도가 되어 버린 것이다. 아주 잘못된

---

[11] 필자(한상범)는 1980년 5월경 저서에서 문제가 된 점을 소명하기 위해 서울 시청에 설치된 계엄사무소의 검열사무를 보는 곳에 간 적이 있다. 당시 검열 책임자는 육군 대령이었고, 검열사무의 실무자는 하급 장교들이었다. 이들의 검열 기준이란 유치하기 짝이 없었다. 비판적인 글은 모두 체제에 적대적인 위험 사상으로 취급한다는 인상을 받았다.

[12] 계엄포고령에서 입법으로 정할 처벌 규정을 자의적으로 정하는 것은 군사정권의 독재 수법으로 상투 수단이 되고 있다. 한 예로서 1980년 5월 비상계엄확대 조치를 하면서 전직 및 현직 대통령에 대해 비판을 금지하고 나아가 정치활동을 제한하는 등 국회의 법률로도 정할 수 없는 사항을 계엄사무소의 몇몇 장교가 군부대의 상관 명령으로 정한다는 것은 비극이기 이전에 하나의 코미디(희극)이다. 여기에는 이미 한국을 입헌국가라고 할 수 있는 여지가 어디에도 없다.

예산제도로서 결국 메이지헌법 제도의 개악판 격이 되고 말았다.

세 번째로 대통령의 형사상 면책특권제도라는 미국 대통령제 헌법에도 없는 이상한 제도가 일본 메이지헌법의 천황(왕)의 신성불가침이라는 잘못된 국가원수관에 영향을 받아 만들어졌다.

네 번째로 대통령의 사면제도도 무제한 권한으로 전제군주의 은사권 恩赦權처럼 사용하게 했다. 이 제도가 남용되면서 내란죄의 수괴 首魁나 공직자인 범법자를 구제하기 쉽게 됐다. 라틴아메리카에서도 쿠데타 주역이나 공직자 출신의 범죄자는 대통령이라도 함부로 사면하지 못하도록 되어 있다.

물론 유진오가 쿠데타까지 예상해서 헌법을 만들 순 없지 않았겠느냐고 반문할지 모른다. 그러나 헌법이나 법률은 최악의 사태를 가정해서 철저히 예방적인 차원에서 법제도를 마련해야 한다. 우리는 헌법을 제정하는 데 군벌 독주에 속수무책이었던 일본제국의 내각, 1933년의 나치 집권과 수권법 授權法 제정으로 인한 바이마르공화국의 몰락을 참고했어야 한다. 일본제국만 봐도 메이지헌법 아래 통수권 統帥權 독립이라는 명목의 군의 독주, 특히 1928년 만주에서 일어난 일본 관동군 關東軍의 장쭤린 張作霖[13] 폭살을 비롯한 독주와 만주사변 滿洲事變[14] 도발, 1936년 2.26 쿠데타[15]와 군의 비호를 받은 일본 우익의 대두 등 많은

---

[13] 중국의 군인. 1927년 육해군 대원수에 취임했고, 군 정부를 조직하여 국민혁명 군에 대항했다. 1928년 장제스(蔣介石)의 제2차 북벌의 결과 패하여 선양으로 돌아오다가 일본 관동군이 음모한 열차 폭발로 폭사했다.

[14] 1931년 9월 일본 관동군이 중국 둥베이(東北) 지방을 침략한 전쟁. 이는 1937년 중일전쟁의 발단이 됐고, 이후 1941년 태평양전쟁으로 확대됐다.

[15] 1936년 일본에서 일어난 황도파 청년 장교들의 쿠데타.

실례가 있다. 후에 유진오가 만든 헌법하에서 쿠데타를 일으킨 박정희 일당은 그러한 역사를 공부해서 참고했는데, 헌법을 만드는 전문가가 그것을 막는 대책을 생각하지 못했다는 것은 아이러니이자 우리 시대의 불행이 아닐 수 없다. 결국 제헌 헌법의 제도에 구멍이 뚫려 있었고, 그것을 후에 쿠데타 세력이 이용한 것은 분명하다고 본다.[16]

일제 법학과 법제 잔재를 바탕으로 한 법문화의 문제

일제의 법학과 법제는 우리나라에서 군사정권의 수립과 그 유지 과정에 직간접적으로 영향을 미쳤다고 봐야 한다. 일제는 1931년 이른바 만주사변으로 시작되는 중국 침략의 15년 전쟁을 개시했다. 한때 일본 근대 발전의 희망처럼 보였던 다이쇼大正 데모크라시[17]는 이미 이 당시 종말을 고한 것이다. 1937년에는 본격적인 중일전쟁을 벌였고, 1941년에는 영미에 대한 선전포고와 동시에 기습적으로 세계대전을 일으켰다. 이러는 과정에서 일제의 국내 지배 체제는 본격적으로 파시즘과 군국주의 체제로 돌입해 버린다. 법학과 법제 면에서는 이미 1925년 치안유지법 제정을 계기로 혹심한 탄압 체제를 가동했다. 그중에서도 1933년 다키카와 교수 사건瀧川事件 = 京都大學事件[18]과 그 후 잇따른 천

---

[16] 유진오가 헌법을 기초할 당시에 관심 초점은 내각제 구상의 구체화에 있었다. 그러나 그것이 실패하자 그는 대통령제에다 내각제 요소를 절충하는 데 노력을 기울인 것 같다. 기본권 규정에서의 보장 조치나 헌법 수호 차원에서의 문제의식은 별로 엿볼 수 없다. 더구나 저항권에 대한 인식은 발 들일 틈도 없다. 그의 어떠한 글에도 시민혁명의 저항권 문제에 대한 열의는 감지되지 않는다.

[17] 일본에서 1904년 러일전쟁 때부터 다이쇼 천황 때까지 일어났던 민주주의적 개혁을 요구하는 운동.

[18] 1930년대 일본 교토대학교 형법 교수 다키카와 유키토키(瀧川幸辰)는 감옥 안

황기관설 사건天皇機關說事件[19]은 법학과 법제에서 자유주의적인 것은 철저히 말살되고 억압적인 천황제 절대주의 파시즘이 절정에 달했음을 보여 주는 사건이다.[20] 그런데 여기서 지적하려는 것은 1933년부터 1945년, 10여 년 사이에 일본제국에서 고등교육을 받고 고등문관시험을 통해 친일 관료로 배출된 인적 자원들이 해방 후 한국의 지식인이나 관료로서 법조계와 정계·경제계 등 사회 각계의 중견 지도급 인물이 됐다는 점이다. 게다가 1945년 해방 후에도 일제의 구舊법령의 효력이 그대로 이어졌으니 우리 사회의 법제 및 정치 구조는 거의 일제강점기와 동일하다는 말이 된다.[21]

한편 1950년, 건국 2년 만에 6.25 전쟁이 발발해 우리나라는 모든 변

에 가난뱅이만 있는 것으로 봐서 형사정책에 앞서 사회정책을 우선해야 한다고 주장했다가 마르크스주의의 유물사관론자로 몰렸고, 간통죄를 여성만 처벌하는 것은 부당하다고 주장했다가 가족파괴론자로 몰렸다. 결국 그 이유로 그는 대학에서 추방된다.

19 천황기관설은 일본의 헌법학자 미노베 다쓰키치(美濃部達吉)가 주장했던 학설로 '천황이 국가통치권의 주체임을 부정하고, 통치권은 국가에 속하며, 천황은 그 최고기관으로서 통치권을 행사할 뿐이라는 것'을 핵심으로 한다. 이는 다이쇼 데모크라시 시대에 지배적인 헌법학설이었으나, 일본 파시즘의 대두와 함께 반국체적이라는 이유로 배격을 받았다. 천황기관설 사건이란 그러한 시대의 영향으로 미노베 다쓰키치의 저서가 판매 금지되고, 대학에서 천황기관설에 의한 헌법 강의도 일체 금지되었던 사건을 말한다.

20 일본에서는 1933년 다키카와 교수 사건을 계기로 자유주의 법학이 사형선고를 당했다고 할 수 있다. 그런데 우리 사회에서 해방 후 활동하는 중견 지식인은 그러한 자유주의가 부재한 분위기 속에 제국 대학을 다닌 이들이 주역이 됐다. 여기에도 문제점이 잠재하고 있음을 주의해야 한다.

21 일제가 패망한 1945년 8월 15일 이후 미군정에서 한국 정부를 수립한 다음에도 일제의 구법령 체제가 그대로 지속됐다. 1948년 헌법 부칙 제100조는 구법령(일제 법령과 미군정 법령)의 효력을 인정하는 규정을 두어서 구법을 계승했다.

칙적 처사를 전쟁이라는 이유로 정당화하게 된다. 민주와 자유라는 것은 전쟁에서 살아남아야 한다는 이유 앞에서 그 존재 이유가 희미해질 수밖에 없었다. 그래서 이승만의 폭정은 제동이 걸릴 줄 모르고 독주한 끝에 결국 1960년 4.19 혁명으로 마침내 자체 한계에 달하고 만다. 그런데 역설적으로 4.19 혁명이라는 변혁은 쿠데타에 호기를 제공한다. 우리가 **헌법을 지킬 수 있는 시민**이 되지 못했다는 것을 스스로 드러낸 셈이다. 파시즘적·군국주의적 식민지 지배하에서 살아온 우리가 민주주의와 자유가 무엇인지 체득하기에는 해방 후 5년이라는 시간이 너무나 짧았다.

우리는 여기서 그 배경이 되는 일제 식민지하의 법학이나 법문화, 특히 법 구조의 영향을 돌아보지 않을 수 없다.[22] 일제 법문화는 서양의 근대적 자유주의적 시민문화를 올바르게 계승하지 못했다. 특히 일본의 천황제는 왕을 신神의 자손이자 신 자체로 의제해 신민臣民 위에 군림하게 하는 전근대적인 원시적 제정일치祭政一致 시대의 샤먼 지배, 즉 무당 지배의 변조판이다. 이러한 원시적 정치문화는 메이지유신 때 왕정복고의 형식을 따라 중앙집권 국가 체제를 정비하는 과정에서 천황을 정신적 지주로 신격화했다. 왕의 권위를 국가 중심축으로 삼고자 의도적으로 왕을 우상화하고, 메이지 시대의 의무교육을 통해 모든 국민에게 그 사상을 세뇌했다.[23] 그러나 시민혁명은 왕권신수설의 타파에

---

22 일제 법학과 법제의 영향에 대해서는 한상범, 『한국의 법문화와 일본제국주의의 잔재』(교육과학사, 1994)를 참고할 것.
23 마루야마 마사오(丸山眞男), 김석근 역, 『현대정치의 사상과 행동』(한길사, 1997)을 참조할 것.

서 정신적 변혁을 이루어 전개된다. 이것이 일본제국에서는 거꾸로 갔고, 그러한 권위주의적 정신 구조가 우리에게도 나라님 의식意識으로 자리 잡았다. 우리의 토양은 조선 시대 봉건 왕조의 왕권에 대한 유교적 신민 의식이 청산되지 못했기 때문에 그것이 그런대로 먹혀든 셈이다. 이처럼 권력자를 도의적 권위로 숭배하는 정신 풍토에서는 시민적 법사상과 정치사상인 '악법에 대한 거부'와 '폭군에 대한 저항'이라는 의식이 제대로 싹틀 수 없다. 시민 사상이 뿌리내릴 수 없는 불모지대에서는 근대적 시민법의 권리 본위인 법 구조가 올바르게 계승될 수 없었다. 더욱이 식민지 상황에서는 글자 그대로 노예적인 지배 구조가 근대법이라는 옷으로 위장해 등장했고, 법률의 이름으로 관료의 지배가 자행됐다.

우리가 알고 있듯이 일본 자체의 법제 및 정치문화는 외견적 입헌주의이고 신권적 천황제 절대주의였다. 일제강점기에 한국인은 식민지 지배에 예속된 피지배자일 뿐이었다. 그래서 일본제국의 통치기술학으로 법률학 담당 관료가 식민지 법제의 억압적 지배 구조의 운영 관리자가 됐다. 우리는 해방 후 미군정하에서나 한국 정부 수립 후 이승만 정부 지배하에서 지배 엘리트로 행세했던 일제 식민지 관료들인 고등문관시험 출신자들과 일제강점기에 고등교육을 받은 사람들의 의식이나 지배 행태가 어떠했는지 상상해 볼 수 있다. 법령에서 공문의 서식, 관료의 대국민 지배 기술 수법에 이르기까지 식민지 시대의 구태를 하루아침에 탈피할 수는 없었다.

5.16 쿠데타가 일어나기 전 혼란한 시국은 4.19 혁명 이후 우리가 그야말로 '반만년 만의 자유'를 누리던 시절이었는데, 이때 가장 거부감

과 이질감을 느끼고 반발한 사람들은 일제하에서 관료나 군인으로 잔뼈가 굵은 자들과 친일 기득권 부정부패 축재자들이었다. 박정희의 쿠데타는 이들에게 그야말로 축복이고 복음이며 다시 살아날 수 있는 절호의 기회였다. 한편 피지배의 예속에 익숙해진 일반 민중들은 반민주적인 반동의 역습에 어떻게 대처해야 하는지 모른 채 그대로 당하면서 그들의 헌정 파괴를 기정사실로 받아들였다.

제 1 장

한국 독재 정권의
기본 지배 수법

한국식 군정 지배의 기본 수법:
계엄통치와 공작(정보) 정치

군사독재가 법률을 악용한 지배 수법의 최고 절정은 계엄제도의 정치적 악용과 국가정보기관을 이용한 정치적 탄압 자행, 형사 범죄자의 날조와 조작이라고 하겠다. 먼저 1961년 5월 16일 새벽, 기습적인 군사작전에 의한 쿠데타만 봐도 정부 기관의 대응 미비는 고사하고 계엄령이라고 하는 군대에 의한 물리적·폭력적 지배와 동시에 합법성을 가장한 법률적 구속 앞에 대개의 사람들은 어찌할 바를 모르고 굴복한 채 '기정사실화'라는 시간의 진행 속으로 빨려 들어가고 결국 체념하게 된다. 한일협정이 매국·굴욕 외교라고 해서 국민적 반발에 부딪칠 때에도 유일한 대안은 계엄령 선포였고, 영구 집권을 위한 1972년의 유신헌법 제정도 계엄이라는 위압 속에 자행됐다. 박정희 사망 후 신군부의 집권 시나리오도 계엄 속에서 착착 진행되다가 1980년 5월 17일 비상계엄확대조치로 밀어붙였던 것이다.

물론 박정희 시절에는 계엄 지배와 함께 긴급조치(긴급명령)에 의한 지배가 병행됐다. 그런데 계엄이나 긴급조치(또는 긴급명령)제도에 사전이나 사후 견제 장치가 부실하다는 것 이외에 여기서 가장 문제가 되는 것은 이 제도들이 **계엄포고령**이라고 하는 입법의 '백지위임적 부여'라는 사실이고, 계엄사무를 군인이 독점 관리한다는 점이다. 아무리 계엄이라고는 해도 군인이 입법·행정·사법의 거의 전권을 장악하는 한국식 계엄제도는 일본제국 헌법(1889년)이든 프로이센헌법(1850년)이든 독일제국 헌법(1871년)이든 20세기 제2차 세계대전 후의 헌법에서는 유례를 볼 수 없다.[1] 계엄포고령으로 처벌 법규를 규정하는 셈인데 그러면 형벌 법규 제정권을 계엄사무소의 군인이 갖게 된다. 국무회의나 국방장관조차 계엄사무소에 지휘 감독권을 행사할 수 없게 된다. 명목상 군통수권자인 대통령도 국방장관이나 합참의장 등 행정 계통의 보좌가 없다면 계엄사무소의 현역 장교나 법무관에게 무슨 통로로 어떻게 명령할 것인가? 계엄사무소 소장이나 계엄사령관과의 관계도 12.12 사건에서 전두환 합수부가 계엄사령관을 잡아넣는 것을 보면 아리송하다.

비상계엄령하에서 군사법원의 재판을 받게 될 경우는 대개 포고령 위반이다. 1980년 5월 17일 비상계엄확대조치 당시의 포고령은 전직 및 현직 대통령에 대한 비판을 일체 봉쇄한다는 것이 요지였는데 이는 법률로도 정할 수 없는 것이다. 게다가 헌법 파괴 조치인 국회와 정당, 사회단체 해산도 포고령으로 하니 가히 헌법 위에 서는 계엄통치라고 할 수 있다. 위수령衛戍令도 마찬가지로 긴급권으로 악용됐는데, 이 또한 일제의 법령을 답습했으며 모법母法의 근거가 없는 위헌적 명령이다.

한편 계엄 등 국가긴급권의 남용 이외에 정보기관에 의한 감시와 억압 체제도 들 수 있다. 이승만 정권 당시의 국가 권력 구조를 살펴보면 군의 특무대(군 정보기관)와 경찰 양자, 그리고 그 보조 지원 조직인 자

---

[1] 헌법 제77조 제3항의 계엄 조치 근거 규정과 그에 따른 계엄법 제9조의 규정에 근거해도 포고령이 만능의 법 규제 전권을 백지위임했다는 법리는 내세울 수 없다. 그런데도 우리는 계엄포고령의 입법적 권한 행사에 대한 법적(헌법 포함) 규제 장치 마련에 대해서는 별반 관심이 없다. 이래도 우리 계엄 지배 체제가 입헌주의와 양립할 수 있는 제도인가? 이 책 45쪽 각주 5)에서 제기한 오오에 시노부의 지적을 들 것도 없이 폭력적 독재의 수단을 그대로 방치하는 셈이다.

유당 감찰부와 테러 조직인 대한반공청년단 등이 지배 구조의 실력 집단이었다. 그런데 군사정권하에서는 경찰 이외에 군의 보안사령부와 중앙정보부라는 막강한 정보기관이 중심이 되어 국민에 대한 감시와 통제 및 정치 공작 등을 관장했다. 국가 행정기관, 공공 기관, 학원(주로 대학), 기업체와 언론기관 등에 정보 요원을 직접 파견하거나 에이전트의 협조를 받아 국민들을 감시하고 통제했다. 정치적 반대파에 대한 감시, 모략·회유·매수 등의 공작, 선거나 개헌 등 중요 사안이 있을 경우의 공작 등에 그들은 만능적 권력을 휘둘렀다. 이는 결국 조지 오웰George Orwell의 가상 정치소설인 『1984』(1949)의 현실판이다. 우리나라는 헤럴드 라스웰Harold Lasswell이 했던 말처럼 '병영화' 되고 '감옥화' 되고 있었다. 군사정권하에서 날조되고 조작된 각종 사건의 리스트를 만들면 그 양이 방대하여 그것 자체만 따로 연구해야 할 것이다.

1961년 군정 독재하에 있던 포르투갈에서 한 대학생이 술자리에서 "자유를 위해 건배"라고 말한 죄로 몇 년 동안 투옥됐던 사건이 일부 인사의 주목을 받아 국제사면위원회가 탄생하는 계기가 됐다. 사실 군정 독재하의 사회는 감옥화를 통해 음울한 분위기로 국민들을 위축시키고 무엇보다 국민들을 비겁하고 비열한 인간으로 만든다. 항상 감시당할까 전전긍긍하는 인간에게서 무엇을 기대할 수 있는가? 군정의 억압적 분위기는 그들의 지위를 공고화하려고 바로 그러한 노예적 인간을 기대했는지 모르나, 이는 민족적인 불행이었다.

독재 정권과 군사문화의 정치 전술:
작전 계획, 공격·격멸, 모략과 법률을 이용한
제압 수법 등

군국주의 또는 군사문화라고 하는 말을 민주주의와 대립되는 개념으로 쓸 때는 다음과 같이 대조해 볼 수 있다. 관용 대 비관용, 정치적 적수와의 공존 및 공정한 경쟁 대 적대 세력에 대한 증오 및 공존 불가능 혹은 더 나아가 수단과 방법을 가리지 않는 배제나 격멸, 공개 대 밀실의 은폐 생리, 논쟁 대 무력적 제압, 과정의 중시 대 결과 및 승리에 대한 집착, 법 대 무법 혹은 탈법, 설득을 통한 문제 해결 대 신속하고 과감한 폭력을 통한 해결 등으로 대조해 보는 것이다. 위에 든 민주주의와 군사문화의 대조 사례가 적절히 들어맞는지 모르겠지만, 군사문화적 사고방식으로 정치를 한다는 것이 어불성설임은 틀림없다.

정치에서 군대라는 실력 집단을 동원해서 집권을 하고 군대를 배경으로 계속 정권을 유지해 나가는 방식은 처음부터 민주주의와 양립할 수 없다. 군사작전으로 지배를 해 나가고 그것으로도 먹혀들지 않으면 법률을 조작하거나 모략을 해서 범법자로 올가미를 씌우는 것은 정치가 아니다. 김형욱의 회고록을 보면 박정희 정권의 군사문화적 사고방식을 뚜렷하게 알 수 있는 부분이 있다. 박정희가 민정 이양의 형식을 갖추고자 선거를 실시하면서 만약 최악의 경우에 선거에서 지면(물론 그렇게 실패하지 않도록 치밀하게 꾸며 놓았지만) 그 대안은 판을 뒤집어 버리는 것이었다고 한다. 애당초 선거 결과가 패배로 귀결될 때에 그것을 승복할 생각이 전혀 없었던 것이다.[2] 군인의 사고로는 민주주의에서는 총과 칼이 아니라 말과 글로 싸우고, 그 심판이 적수의 격파 숫자가 아니라 투표에서 얻은 표수로 판가름 난다는 사실을 인정할 수 없었던 것 같다. 자기가 유리할 때에만 그 결과를 인정하는 셈이다. 왜냐하면 자기는 무력으로 우위에 서 있기 때문에 투표를 안 해도 이미 이길 것이라고 단정하기 때문이다.

한국의 군사정권이 민중의 위력에 몰려 최악의 사태에 이른 경우 어떻게 대응했는지는 다음 두 사건을 통해 알 수 있다. 하나는 1970년 대선 당시 박정희가 김대중에게 밀려 낙선할 위기에 몰리자 선거법을 준수하기는커녕 김대중을 온갖 모략과 불법, 금품 살포와 관권 동원으로 몰고 가서 결국 승리를 쟁취한 일이다. 또 다른 경우는 1979년 박정희가 피살된 후에 몇몇 군인들이 광주를 피바다로 만들며 권력을 놓지 않았던 일이다. 군사정권은 1987년 6.10 시민 항쟁에서는 6.29 선언이라는 기만적 양보로 후퇴하면서 고비를 넘겨 재집권 구도를 유지했다. 군정 독재자는 투표라는 절차를 당초부터 신뢰하지 않았다는 점에 문제가 있다. 우리는 그들이 승리를 위해서는 법률로 최대한 포장해 불법과 탈법 및 무법을 서슴지 않았다는 점을 분명히 인식해야 한다.

---

2 김형욱, 『김형욱 회고록 1~3』(아침, 1985)을 참조할 것.

제 2 장

1961년
5.16 쿠데타의
법 기술과
지배 구조의 구성

메이지유신과 일제하 2.26 쿠데타가 박정희 등에 끼친 영향

일본제국 육군 관동군 참모 대좌(대령) 세지마 류조瀬島龍三의 회상록인 『얼마의 산과 강인가幾山河』(1995)를 보면, 그가 우리 경제계를 지도했을 뿐만 아니라, 역대 대통령을 지낸 박정희, 전두환, 노태우의 국정고문관이었음을 알 수 있다. 박정희의 수출 주도 개발과 종합상사 안案, 전두환의 1986년 아시안게임과 1988년 올림픽 개최, 노태우의 이미지 쇄신 등의 아이디어가 그의 자문에서 나왔다니 기가 막힐 일이다. 그의 일대기를 그렸다고 하는 야마사키 도요코山埼豊子의 『불모지대不毛地帶』(1976)는 우리말로 번역되어 일부 군인이나 기업 엘리트의 필독서로 꼽히기도 했다.[1]

박정희는 청와대에서 한밤중에 옛 일본군 출신 동료들과 일본 군가인 러일전쟁 당시의 신화적 영웅 **히로세廣瀬 중좌**(중령)를 기리는 노래를 애창했던, 일본 만주군 출신의 제국군 장교이다. 그의 이상이 메이지유신의 지사志士와 2.26 쿠데타의 국가 개조의 구상에 심취한 국수주의적 개혁안이었다고 해도 이상할 것이 없다.

일본제국의 계엄령은 쿠데타와 관련이 있으며, 일본제국 육군은 1928년 만주군벌 장쭤린을 암살하고 중국 동북부(만주) 침략을 주도한

---

[1] 소설가 이병주가 옮긴 한역판 『불모지대(不毛地帶)』는 총 다섯 권으로 '신원문화사'에서 1984년 초판이 나온 이래 많은 독자를 확보했다. '청조사'도 박재희가 번역한 판본을 개정 3판까지 발행했으며, '중원문화'에서도 김욱이 번역한 판본을 발행하는 바, 여전히 독자들의 수요가 이어지고 있다고 볼 수 있다.

이래 정치군부와 정치군인이 되어 일본제국의 정권까지 장악했다. 일본제국의 헌법 구조에서 군통수권軍統帥權이라는 성역聖域을 두고 군벌을 견제하지 못하고 이러한 일들을 방치했기 때문에 일본제국이 파탄에 이르렀다. 그런데 박정희는 바로 그러한 국가 파탄의 계기를 만든 군부의 작태를 오히려 모방하고 숭배했다는 점에서 일본제국 군인 출신의 국수주의적 정신의 한계를 헤아릴 수 있다. 하지만 그보다 우리의 정치 수준이 그러한 일부 정치군인의 발호를 제어할 만한 민주적 역량을 축적하지 못했다는 점이 더욱 수치스러운 일이다.[2]

한국 정부의 이승만 국부 체제와 문관 지배의 부실성

이승만의 정치는 통치이자 일방적 지배로서, 그는 봉건 왕조의 전제군주와 같은 자의적 지배로 법제를 무시했고, 아울러 카리스마적 권위인 나라님으로 군림함으로써 자연인 이승만을 중심으로 하는 권력 핵을 형성했다. 이승만은 미국에서 오랫동안 살아서 영어문화권 언어로 생활했고, 당시 외교·행정 등의 문서도 거의가 영문으로 쓰였다. 그런 의미에

---

2 한국군의 통수권은 1950년 6.25 전쟁 당시 대전협정으로 미국에 이양됐다. 지금은 제도가 정비되어 한미연합사 체제로 되어 있으나, 한국군의 지휘 체계가 이원적인 것은 변함이 없다. 이러한 구조적 허점에 이승만의 인맥 중심적인 군대 관리의 전통과 군대 내 사조직(하나회)의 위력이 작용하여 쿠데타가 유발됐다.

서 한국 정부의 외교·행정은 영어의 세계였으며, 일부 국내 행정은 일본식 법령과 한국어 공문 체계가 기형적으로 혼합된 구조였다. 이승만 집권 시에는 그의 권위에 따라 정치와 행정이 그를 중심축으로 돌아갔지만, 그가 축출된 이후에는 모두 공중분해가 되고 말았다. 이승만이 권좌에서 물러나고 허정 과도내각을 거쳐 장면 정권이 들어섰을 때에 그러한 권력 중추에서 구멍이 뚫린 부문은 군통수권이었다. 군의 작전권은 미군에 이양되어 군의 작전 등을 비롯한 일부 행정이 미군 지배하에 있었다. 한국군의 일부 행정은 국방부의 체제하에 있었지만 실제로 군의 주요 핵심인 작전권이 외국군에 있었으며, 이승만 개인의 권위하에 통제되던 군인들이 장면 정권 들어서는 친일·친미 정객政客인 장면의 군 조직과 군 내부에 대한 무지로 말미암아 군이 독자적으로 따로 놀 수 있게 됐다. 특히 국방장관이 된 현석호는 군과 무관한 사람으로 군에 문외한이었기 때문에 군부의 인맥과 사조직을 파악하고 통제할 수 없었다.

박정희의 쿠데타는 일본제국군의 사조직 인맥을 모방한 일본 관동군 출신의 인맥, 특정 지역 중심의 인맥 조직, 비밀 서클 격인 핵심 사조직 및 정보 첩보 장교 출신 중심의 모사꾼 야합과 군 인사에 대한 불평등이 얽혀서 군대 조직의 맹점과 허점에 최대한 편승해 기획되고 시행됐다. 모델과 선례는 어디까지나 일본 육군의 국수주의 조직과 그 군국주의적 조직의 수법에 있었다.[3] 그렇기 때문에 박정희가 그의 예전 상관이자 숭배의 대상인 세지마 류조의 지도를 집권 이후에도 계속 받았다는 것은 이상한 일이 아니다. 박정희의 후계자 격인 노태우가 1993년

---

3 지동욱(池東旭), 『韓國の 族閥·軍閥·財閥』(中央公論社, 1997) 참조.

일본 월간지 《문예춘추文藝春秋》와 한 대담[4]을 보면 그는 일본 사람의 사고방식, 그것도 일본 무사의 사고방식인 인정과 의리 등의 봉건 덕목을 생활신조로 한다고 부끄럼도 없이 말한다. 『얼마의 산과 강인가』를 보면 노태우는 세지마 류조에게 대통령을 그만둔 후 자기가 무엇을 어떻게 해야 하는지 지도해 달라고 부탁했고, 세지마 류조는 국가를 위해 계속 봉사하라고 답했다는 이야기가 나온다. 일본제국 군대의 찌꺼기가 이렇게까지 이어져 왔다. 그래서 쿠데타 자체는 물론 쿠데타 이후의 수법도 그렇게 모방될 수 있다. 박정희는 일본의 괴뢰국인 만주국의 식민 통치를 방조한 사람이기 때문에 거기서도 지배(통치) 수법을 견문이나 체험을 통해서 많이 배웠을 것이다. 그러한 영향이 구체적으로 어떠한 것인가는 독립적인 연구 주제로서 연구 대상이 될 수 있다. 다만 여기서는 그가 군을 국정의 최고 우위에 두고 강압적 관료 지배를 밀어붙여 온 수법에 주목하겠다.

우리는 무엇보다 박정희가 제도의 파행과 무기력화로 말미암아 군의 통제에 구멍이 뚫린 것을 최대한 악용해서 쿠데타를 성공시켰다는 점을 주목해야 한다. 그는 관동군의 만주 침략과 그것을 중국 침략의 확대로 기정사실화해 내각을 무기력화하면서 정권을 완전히 장악해 버린 수법에서 상당 부분 배웠다고 짐작된다. 이는 군대 안에 비밀 사조직을 운영하고 첩보 조직을 중심으로 모사를 진행한 점을 봐도 중요하다. 한국군의 작전권을 가진 미군은 라틴아메리카에서 친미 군대를 육성하고 지도해 오면서 조정하고 관리하는 경험과 기술이 축적됐으며 외국에서

---

[4] 《文藝春秋》 1993년 3월호에 실린 노태우의 회견기 참조.

의 작전 경험이 제1차 세계대전 이래 풍부하기 때문에 한국군을 통제하는 데 곤란해하지 않을 실력을 갖추었다. 그런 미국의 대외 군사 정책은 반공 친미 군부의 행위를 가급적 비호하는 쪽으로 구사된다. 한국에서도 마찬가지였다고 할 수 있다. 한편으로는 박정희의 쿠데타에 미국의 CIA가 개입했다는 설도 있지만 여기서는 거론하지 않기로 한다.

악법의 양산과
법령의 왜곡된 해석 적용

독재 정권이 흔히 쓰는 가장 손쉬운 폭정의 도구는 악법의 제정과 법령의 왜곡된 해석 적용이다. 1961년 5.16 쿠데타로 집권한 군사정권도 예외는 아니다. 탈권奪權 직후 그들이 만든 국가재건최고회의(처음에는 군사혁명위원회라고 했다가 개명했다)라는 위헌적 군사 집단은 언론 탄압 조치인 언론기관정화령을 비롯해서 민주제도를 부인하고 인권을 탄압하는 법규를 제멋대로 만들어 냈다. 헌법을 임의로 만들고는 그들이 만든 헌법을 근거로 정치활동정화법이라는 정치 제한 악법을 비롯해 정당법, 신문통신등록법, 집시법, 중앙정보부법, 국가보안법 개악, 선거법 개악 등을 통해 탄압의 제도적 장치를 마련하고 강화했다. 나아가 새로 만든 악법과 함께 기존 법령에 왜곡된 해석을 적용해 국민을 탄압해 나갔다. 여기에 법률 기술자로서 사법 관료와 행정 관료가 손을 잡고 앞장섰다. 이렇게 잘못된 법리 왜곡이 적용된 사례는 법령별로, 구체적 행정처분 사례별로 철저하게 분석하고 비판해 정리해야 한다.

여기서는 우선 법령의 해석 적용이 왜곡된 사례를 추상적으로 유형화해서 몇 가지 참고로 제시해 본다. 먼저 법리의 왜곡된 해석의 예를 보자. ① 국가보안법 등 처벌 법규의 확장·유추 해석은 금지되는 것이 상식이다. 그런데도 이 법치의 기본 원칙은 공공연히 무시됐다. 예를 들면 국가보안법의 이적 표현의 구성 요건에서 고의 여부를 가리지 않고 막연하고 불명확한 조항을 핑계로 확장 해석해서 처벌로 몰고 간 것이다. ② 처벌 법규로서 형법의 간첩죄에 있는 간첩의 군사정보 한정의 원칙을 무시한 채 공지共知의 사실 수집까지도 간첩 활동으로 처벌하게 법리의 왜곡을 자행한 것, 이에는 법원도 동조했다. ③ 행정재량권을 극대한으로 남용한 관치행정의 법 해석 사례는 무수히 많다. ④ 무죄 추정의 원칙을 백지화한 채 정부에 비판적이거나 비협조적이거나 야당 성향이 있다고 보는 사람에 대한 법령 해석에서는 해석의 재량을 발휘할 수 있는 세법 등의 분야에서 불리한 쪽으로 해석하는 것 등을 지적할 수 있다.

행정 관료와 사법 관료가 야당 성향인 개인이나 단체에 법령을 악용해서 골탕을 먹이는 수법을 몇 가지 예를 들어 보면 다음과 같다. ① 야당 성향이 있는 사업자를 갑자기 세무사찰을 해서 약점을 잡고 물고 늘어진다. ② 인허가 사무에서 야당 성향인 사업자는 의도적으로 불리하게 배제하고 가혹하게 감독한다. ③ 직장에서 야당 성향 인사들을 낙인찍은 채 감시하고 고립시키며 불리한 쪽으로 몰아가도록 직장에 압력을 가한다. ④ 야당 성향의 개인은 아파트 경비원이나 통반장을 시켜 거동을 감시하고 보고하도록 한다. 특히 과외를 시키는지 방문객을 감시하여 밀고하도록 한다. ⑤ 야당 성향이 있는 공직자는 승진 · 승급 · 전보 등 인사행정에서 불리하게 차별한다. ⑥ 야당 성향인 사업자나 재소자는 친인척, 동향 선후배, 스승 등 각종 연고자를 통해 회유하거나 압력을 가해서 굴복하지 않고서는 못 견디게 한다. ⑦ 학생운동을 한 청년이 군에 입대한 경우는 녹화사업이라는 정보 공작으로 군 정보기관에서 특별 관리한다. ⑧ 야당 성향의 인사에게 야당 이탈 등에 대한 각종 이권을 약속한다. ⑨ 야당 성향의 인사는 피의 사실 등 법률로 공표하지 못할 사실도 공연히 언론기관에 누설해서 사회적으로 매장하고 고립시켜 무기력화한다.

이상에 든 사례 이외에도 더 있을 테지만 여기에서는 이 정도로 그친다. 문제는 이러한 행위들이 법치의 왜곡과 말살로 치닫는 결과를 가져온다는 점이다. 필자는 이러한 법률의 왜곡된 해석 적용에 대한 공직자들의 죄과를 학리적 조명을 통해 철저한 청산하지 않고는 민주화나 인권의 보장은 기할 수 없다는 점을 거듭 강조한다.

헌법의 국가 긴급 장치의 남용 및 정치 조작으로서의 개헌과 권위주의 헌법 체제

일본제국 군부의 군통수권제도의 극한적 악용과 기정사실화의 누적 전술, 계엄제도의 정치적 악용 등은 한국의 군사 독재자에게는 선례이자, '가이드라인'이며, 독재 수법의 교과서 격이었다. 이미 이승만 정권도 1952년 준친위準親衛 쿠데타였던 발췌개헌 파동 사태 시에 영남 지구에 공비 출몰이라는 이유로 계엄을 선포해서 야당을 탄압하며 테러단을 동원하고 직접 헌병을 앞세워 임시 수도 부산에서 개헌안을 강제로 통과시켰다. 이러한 정치 공작적 계엄통치가 박정희의 군사 쿠데타가 시발된 시점부터 답습되어 악용되기 시작했다.

박정희의 군사독재는 그 출발부터 권력을 강권적으로 탈취해 계엄을 선포했다. 계엄 선포는 **계엄포고령**으로 입법의 백지위임적 행사로, 군인에 의한 행정기관의 점령과 장악으로, 심지어는 헌법을 무시한 국회해산으로, 정당과 사회단체, 특히 노동조합 등을 일방적으로 깡그리 해산시켜서 완전히 **제로 지대**의 침묵의 공화국으로 만들며 모든 중요 공공기관을 군사작전으로 장악했다. 계엄을 보조하는 통치 수법이 위수령衛戍令이었다. 모법母法의 존재도 모호한 위수령의 발동으로 군대를 동원하고 긴급조치권(긴급명령 및 긴급재정처분포함)을 발동했다. 그것도 군사 지배에 준하는 입법의 백지위임이고 군사법원에 의한 탄압이었다.[5]

박정희 군사정권은 긴급권 발동과 정보 공작 정치에 의해 유지됐다. 군사정권이 계엄을 악용하거나 남용한 주요 사례를 보면 1961년 쿠데타 직후 몇 개월간의 무한정 계엄통치, 1964년 한일협정 반대 운동에 대한 계엄령 선포에 의한 탄압, 1972년 유신 선포와 국회해산 및 국무회의에 의한 국회의 입법권 강탈, 1979년 박정희 피살 후의 계엄과 1980년 5.17비상계엄확대조치에 의한 쿠데타 및 국회해산과 위헌적 내란기구인 국가보위입법회의 설치 운영 등이 있다. 어느 하나도 비상계엄의 요건으로 헌법이 정한 것을 충족한 적이 없다. 이에 대해 한국의 대법원은 일찍이 '통치행위'라고 면죄부를 내려 군사정권의 통치

를 방조했다.[6]

1961년 쿠데타에 의한 정권 탈취, 1972년 친위 쿠데타에 의한 국회 등 헌법기관의 파괴, 1980년의 5.17 쿠데타에 의한 탈권의 공식화 등이 모두 국민의 의사와는 관계없는 헌법 파괴의 내란이었다. 그리고 정통성의 결여와 합법성의 부재를 보완하며 국민 대중을 기만하려고 일찍부터 써먹은 것이 **국민투표**라는 정치 조작극이었다.

1961년 쿠데타 당시 국민투표로 개헌을 해서 정통성과 합법성을 조작하려고 했을 때, 《동아일보》 논설위원이었던 황산덕이 사설에서 "국민투표는 만능이 아니다"라는 제목으로 이의를 제기했다가 계엄포고령 위반으로 군사재판에 회부됐던 일이 있다. 물론 나중에는 황산덕도 군사정권의 장관으로 그 일당이 되어 버리지만 말이다. 이러한 국민투표를 가장 노골적으로, 가장 비열하게 이용한 역사적 사례는 1850년 나폴레옹 3세의 쿠데타이다. 그 후 대개의 경우 **국민투표**제도는 독재자나 야심적 정치가가 국민의 이름을 팔아먹기 위한 수법으로 악용됐다. 이변이라면 1968년 프랑스 대통령 샤를 드골Charles De Gaulle이 국회를

---

5 오오에 시노부(大江志乃夫)의 『戒嚴令』(岩波書店, 1978)을 참조하면, "계엄령은 전시에 있어서 군사 법령이다. 그러나 역사상 동서양을 막론하고 계엄령은 때때로 군사독재 정권의 성립과 성립한 군사독재 정권에 의한 무제한의 폭력 행사를 정당화하는 목적에 이용된다"(서문), 위수령에 대해서는 "군사독재 정권인 한국의 박 정권하에서 본래는 문사관헌(文事官憲) 원조를 목적으로 하는 위수령의 발동과 비상법의 발동인 계엄포고 사이에 질적인 차이가 있는지 애매하다"(38쪽)라고 했다. 특히 "계엄 입법의 성립은 수권법 체제의 적나라한 폭력적 독재를 가능케 하는 첫걸음"(215쪽)이라고 했다.

6 1960년대 박정희 정권 당시 대법원은 이병린 대한변호사협회장이 제기한 군정의 비상계엄 합헌 여부 심사를 '통치행위'라는 구실을 들어 거부했다.

밀어붙이려고 국민투표를 들고 나왔다가 1957년처럼 먹혀들지 않고 부결되어 쫓겨난 일 정도이다. 우리 군사정권은 대개 계엄하에서 반대파 야당을 잡아들이고 회유, 매수 또는 감시를 하며 공포 분위기 속에서 국민투표를 강행해 대개 요식행위로서 모양새를 갖춘다.

위와 같은 계엄의 악용과 국민투표제도에 의한 정치 조작 이외의 군사독재의 법적 기법으로는 헌법 자체를 사이비 민주 헌법으로 둔갑시켜 권위주의적 헌법으로 변조한 점을 가장 주목해야 한다. 박정희의 1962년의 헌법 체제와 1972년의 유신헌법, 전두환의 1980년의 대통령 간선 단임제 헌법, 1987년의 대통령 직선 단임제 헌법 등이 권위주의적 헌법으로서 **개발독재 체제** 또는 라틴아메리카형型 헌법이다.

그 내용을 보면 일단 미국식 대통령제의 외견을 갖추고 있지만, 대통령제이면서 부통령이 없고 대통령의 권한이 막강한 **제왕적 대통령제**이다. 여기서 이미 미국식이 아니라 라틴 국가 유형의 권위주의 지배 형태의 사이비 외견적 입헌주의 통치 유형이라고 하겠다.[7]

다음으로 박정희 피살 이후에는 국민의 비판을 의식해 대통령의 영구 집권을 배제한다는 명분을 살리고자 대통령제를 단임제로 정해 놓았다. 전두환 시대인 1987년에 6.10 시민 항쟁의 결과 독재 정권이 양보한 듯한 모양새를 띠고 나타난 현행 헌법은 직선된 대통령의 임기를 5년 단임제로 했다. 민주적으로 보이지만 실상 군정 독재 세력은 이렇게 해서 사람은 바뀌어도 그들의 동류가 그대로 기득권을 고수하는 체

---

[7] 박정희 집권 이후 만들어진 헌법의 대통령제는 미국식 대통령제와는 근본적으로 다른 것이다. 이 점을 혼동하면 안 된다.

제를 유지할 수 있다고 보았다. 그래서 그러한 군정 세력의 계속된 집권은 노태우에서 김영삼으로 이어지는 두 번의 선거에 성공했으나, 1997년에 그들의 부패가 국가 파산에까지 이르러 한계에 도달했고, 그들의 예상이 어긋나 정권이 교체되는 '이변(?)'이 발생했다.

세 번째로, 현행 헌법에 이르기까지 국가긴급권에 대한 사전 및 사후 통제 장치가 결여되어 권력 만능의 여지를 안겨 준 이러한 헌법례는 라틴 국가에조차 없을 것이다. 현행 헌법의 대통령의 긴급권은 전제군주의 권한에 비할 수 있는 막강한 것이어서 마음만 먹으면 누구도 그 지위에서 절대권자가 될 수 있다. 따라서 이 헌법을 대통령제로 유지해 나가든, 그렇지 않고 내각제로 고쳐 가든, 국민의 선택에 따라 손질을 해서 민주 헌법으로 바로 세워야 한다.

군정은 헌법제도 자체를 왜곡해서 이용해 왔다. 비단 1972년의 유신헌법만 문제가 있는 것이 아니다. 그것은 극단적인 최악의 사례일 뿐 현행 제도에 이르기까지 문제는 여전히 산적해 있다. 군정 세력이 기존 제도의 틀을 군사 통치에 적합하게 개악해 온 지도 1961년 이래 수십 년이 된다. 그래서 그동안 우리는 본래의 민주 헌법의 모습이 무엇인지 경험도 하지 못하고, 보지도 못하고, 알지도 못하며, 생각도 안 해 본 채 살아온 이들이 대다수이다. 그래서 사이비 민주 헌법에 대한 불감증에 걸려 있다. 그것도 국민들 일부 소수가 아니라 대다수, 아니 거의 전부가 그렇다. 군정 독재 반세기에 가까운 세월을 거치며 우리가 받게 된 반갑지 못한 선물이라고나 할까?

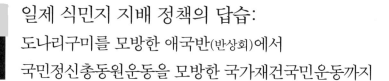

일제 식민지 지배 정책의 답습:

도나리구미를 모방한 애국반(반상회)에서
국민정신총동원운동을 모방한 국가재건국민운동까지

　이승만 정권 이래 군사정권까지 계속해서 친일 관료와 친일파 인사, 그리고 그 후속 세력이 집권을 해 온 것은 공공연한 사실이다. 그래서 일제 식민지 통치 수법이 그대로 답습되는 것도 이상할 일이 아니다. 그런데 여기서 주의할 점은 이승만 시대에는 주로 경성 京城. 지금의 서울 중심의 제국대학 출신인 친일파가 핵을 이루었다는 사실이다. 반면 박정희 시대에는 만주를 무대로 활약한 적이 있는, 만주 중심의 연고가 있는 친일파가 핵을 이루고 있음을 주목해야 한다. 그 정책의 성격이나 질적 차이, 일본과의 연고가 다르게 전개되기 때문이다. 괴뢰군 양성 학교인 만주군관학교 출신으로는 박정희와 정일권, 만주 대동학원 출신 관료로는 최규하 등, 만주 일대에서 친일 행적에 앞장선 민간 유지 친일파로는 이선근 오족협화회 사무국장 등을 들 수 있다. 정일권은 익히 알다시피 총리 등 최장수 공직을 지냈고, 최규하는 총리에서 대통령까지 했고, 이선근은 어용학자 제1호로 정신문화원장을 역임하고 박정희의 역사 선생을 자칭하고 돌아다니며 대학 총장을 몇 번이나 했다. 이선근은 총장 취임사에서 **새마을정신과 유신정신**을 떠들어 댄 그야말로 치욕의 역사에 남을 인물이다. 이들은 일본의 만주 관동군 계통이거나 만주 관료 출신인 일본 국수주의 인사 세지마 류조에서 일본 수상을 지낸 기시 노부스케 岸信介까지 이어지고, 심지어 일본 사회의 흑막이자 우익 테러 범죄 조직의 대부 代父인 고다마 요시오 兒玉譽士夫와도 연결된다. 고다마 요시오는 중일전쟁 당시 비밀첩보기관원으로 전범이며 우익 정치 깡패이다. 그는 록히드 사건[8]의 주범 가운데 한 명이고, 한일 관계에도 예외 없이 끼어드는 흑막의 인물이다. 그러한 자가 1971년 한국의 군사독재 정권으로부터 수교훈장까지 받았다.[9]

일제로부터 해방됐다고 하는 1945년 후 미군정 당시부터 친일 관료가 군정에 그대로 채용됐고 일제 법령과 공문 체계 및 행정 기술이 그대로 답습돼서 한국 정부의 수립 이후에도 친일 세력과 일제 잔재는 실세로서 현실로 이어져 왔다. 따라서 군사정권 수립이 특별한 문제를 가져올 이유는 없었다. 그런데도 만주 중심인 친일파 주도의 지배하에서는 일본제국의 전시 파쇼 통치의 지배 방식이 한층 더 노골적으로 나타났다. 정치군인이 집권한 후 관제官製 국민운동으로 **국가재건군민운동본부**라는 것이 발족되었고, 거기에 걸맞게 친일파 행적이 있는 명망가 유진오를 초대 본부장에 앉혔다. 언론에 대한 통폐합도 1930년대 중일전쟁이 본격화되기 전후 일본의 방식을 모방해 수행했고, 반상회는 일제 1930년대 말 고노에 내각近衛內閣이 발상해서 시행한 **도나리구미隣組**를 좀 더 한국적 특수성에 맞춰 발전시켰다. 박정희 정권은 집권이 본궤도에 진입한 후에도 일본제국의 **슈싱修身=도덕** 과목식 교육에 열을 올려서 대학에까

---

8 1976년 일본의 고급 관리들이 미국 군수업체 록히드사(Lockheed Corporation)로부터 금품을 수수한 오직(汚職) 사건. 이 사건은 정치가·관료·대기업이 각자의 이해관계에 따라 이익을 챙기려는 정경유착에서 발생했다. 일본의 전(前) 수상 다나카 가쿠에이(田中角榮)는 전일본항공(ANA)에 록히드 항공기를 구입하도록 영향력을 행사하는 대가로 5억 엔의 뇌물을 마루베니상사를 통해 받았다는 혐의로 체포됐다.

9 사타카 마코토(佐高信), 『戰後企業事件史』(講談社, 1994), 19쪽.

지 국민윤리와 국사 교과목을 강화하고 보충했으며, 일제의 문부성이 창안한 공산주의 대책기구인 정신문화연구소의 한국판인 정신문화연구원을 만들어 막대한 인원과 돈을 투입했다. 특히 걸작은 일본 왕의 교육 칙어 教育勅語를 모방한 국민교육헌장을 만들고 충효 교육을 강조했다는 점이다. 이러한 유교 이념의 복고풍은 일본식이고, 한편으로는 1936년 장제스 정권의 신생활운동을 연상케 한다. 아마도 신생활운동은 새마을운동일 것이다. 이것 또한 국민운동 같은 관제운동으로서 민주국가 어느 곳에서도 찾아볼 수 없는 것으로 일제 말기의 비상시국운동을 그대로 따랐고, 더욱이 이는 농경사회의 공동체적 미덕으로서 20세기의 산업사회의 문제를 해결한다는 것이니 그 과정이나 결과가 어떻게 나타날지는 뻔했다. 근대화 초기부터 관료가 지도하고 지배하며 사회를 이끌어 오던 일본제국의 관료적 권위주의에 기대서 개발독재를 통한 근대화(산업화)를 한다고 했으니 결국 사회 자체를 관청으로 만들고 군대 병영으로 개조하고 감시와 통제하에 두는 감옥으로 변형시켜 간 것이다. 이러한 박정희의 일본식 지배와 조종 형식은 관료주의이자 유교적 가부장적 권위주의(이효재)이며 개발독재의 병영화·감옥국가화로의 변질이기도 했다.[10]

일제식 수법 가운데 하나로 빠뜨릴 수 없는 것은 군사정권하 관료 지배 행정구조의 개발독재가 결국 정경유착을 통한 재벌 위주의 산업화를 추구했다는 점이다. 외국이나 국내의 은행에서 빚을 얻어 진탕 쓰고 아무도 책임을 지지 않는 공금 유용과 공금 갈라 먹기식 무책임 부정부

---

10 헤럴드 라스웰은 1950년대에 내놓은 『권력과 인격』이라는 책의 맺음말에서 제2차 세계대전 이후의 시기에는 민주국가이든 공산국가이든 모든 나라가 감옥화·병영화로의 위험에 처해 있다고 경고했다.

패의 구조는 결국 1997년에 총체적 파산을 하게 됐다. 일본제국의 '대동아공영' 망상이 결국 원자폭탄 세례를 받고 총파산으로 종말을 고하듯이 우리의 군정 부패 구조 또한 재벌 구조가 국제시장에서 미아가 되듯이 문제아로 몰리면서 환란을 통해 파산했다. 그래도 일제는 패망 후 잘못을 일부 고쳤는데, 우리는 군정하에서 그것을 충실히 되풀이하면서 파국으로 달려간 격이 됐다. 일본 등 독점 자본의 예속과 하도급 기업이라는 경제구조에서 아시아의 용이니 유교적 자본주의니 한국적 방식이니 하며 허장성세虛張聲勢를 부린 셈이다.

일제로부터 모방하고 답습한 지배 방식으로, 법률만능주의 관료 지배 수법 이외에 지역, 학연, 족벌 등 연고로 파벌을 갈라놓고 한 분열 지배도 들 수 있다.

여기서는 우선 주로 법률제도를 이용한 일제식 지배 수법을 살펴보기로 한다. 법률을 복잡하고도 알기 어렵게, 또 그래서 지킬 수 없게 해놓은 것은 결국 권력기관이 국민의 약점을 잡고 골탕 먹이기 쉽게 하기 위해서이다. 그들의 대민 지배의 비결은 바로 여기에 있다. 그래서 관료가 "법률대로 하겠다"라고 소리치면 털어서 먼지 안 나는 사람은 없으니 다들 벌벌 떨게 마련이다. 더욱 기가 막힌 것은 경찰, 공안기관이나 사법 관료가 한 번 빨갱이 같다고 낙인을 찍어 버리면, 그렇게 밉보인 사람은 그것으로 사회적 사망 선고가 된다는 점이다. 더욱이 당국의 빨갱이 조작 공작에 걸려들면 인생은 끝장나고 만다.[11]

---

[11] 역대 군사정권하에 용공 조작 사건은 여기서 일일이 들 수 없을 정도로 많다. 1980년대 **아람회** 사건 등 무수한 피해자가 나왔다. 아직도 이들에 대한 진상 규명과 배상 및 명예 회복은 숙제로 남아 있다.

법률을 시민 생활에서 자유와 권리를 지켜주는 장치나 제도가 아니라, 권력이 가해자로서 규제하는 공포의 대상으로 만들어 놓고 지배한 것이다. 민주국가라는 간판 아래서 이러한 수법의 관료만능, 법률만능의 지배 구조를 유지했다고 하면 이것을 무엇이라고 해야 할까?

어용학자와 어용교수의 방조: 국가재건비상조치법 해설부터 유신 쿠데타 홍보의 나팔수까지

독재 정권이 국민에 대한 기만 선전이나 합법성을 위장하기 위한 하나의 수법으로 학자와 교수의 지원을 받는 것은 흔히 있는 일이다. 그런데 한국의 군사정권은 이른바 학자, 교수라고 하는 지식인 계층을 정권의 들러리로 너무 지나치게 이용해서 그들을 타락시키고 학계 자체를 망쳐 놓았다. 일제로부터 해방된 후에 학자, 교수라는 직은 대개 일제하 고등교육을 받은 사람들로 채워지고, 특히 법학의 경우는 친일 행적의 인사가 별반 학자로서의 훈련도 없이 자리를 타고 앉아서 중견으로 행세하는 실정이기 때문에 학자로서의 소신이나 입장이 취약하기 짝이 없었고 엉성했다. 그런데 이들에게 감투를 씌워 주고 특혜를 주니 이들은 그저 감격할 뿐이었다. 그리고 일반 국민들은 학자나 교수라면 그래도 남보다 배운 사람이라고 신임해서 그들의 군사정권을 위한 나팔수 노릇이 그런대로 먹혀들어 갔다. 군정의 권력자들도 학자나 교수라고 하는 자들이 의외로 고분고분하고 별 볼일 없는 인간이라는 것을 알게 되면서 필요하면 주저하지 않고 이용했다.

이승만 정권하에서도 권력을 위한 곡학아세曲學阿世의 부류는 있었지만, 그래도 어느 정도 눈치는 보고 조심도 했다. 그런데 군사정권하에서 대량으로 학자가 팔려 나가니까 일부에서는 그 대열에 끼지 못해 안달 날 지경이 됐다. 군사정권은 정권 운영이나 행정부터 경제나 법률적 전문 사항이 군대 관리하고 다르다는 것을 알고서, 가장 명분 있고 말 잘 듣는 부류로 관료와 교수 등 지식인을 이용했다.

따라서 당시에는 군정하에서의 장관이나 쿠데타하의 국가재건최고회의 같은 권력기구의 고문이나 자문위원, 전문위원이 되는 것이 출세의 첫걸음처럼 인식되기도 했다. 여기서 학자나 교수 부류의 군정 협력 양상을 몇 가지 대표적인 사례로 들어 보자.

먼저 헌법 파괴의 범죄행위인 쿠데타를 기정사실로 합법화하려는, 나치의 수권법보다 더욱 악질적 법률인 **국가재건비상조치법**이 이른바 위헌적이고 불법적인 군인들의 권력 탈취 기구인 **국가재건최고회의**에 의해 만들어졌을 때에 중견 헌법학자라는 사람들은 앞다투어 그 법률에 대한 해설서를 썼다. 이는 결국 쿠데타를 법학적으로 합리화해 주는 추태였다. 쿠데타는 자연스럽게 기정사실화되어 대중에게 먹혀들었고, 헌법에 대한 국가시험에서 이 해설서를 참조해야 한다고 함으로써 국가재건비상조치법은 법학 강단과 수험생의 세계로 사정없이 쳐들어와 자리를 잡을 수 있었다.

더욱 가관인 것은 쿠데타를 합리화해 권력의 정통성을 확보하고 탈권의 면죄부를 얻는 정치적 연극으로서 국민투표에 의한 개헌을 하려고 헌법 개정 작업을 할 때에 군정의 요구로 헌법학자 이외에도 행정학 · 정치학 · 경제학 · 경영학 등 각계의 전문가가 그 이름을 빌려 주고 그 작업의 하수인이 됐다는 점이다. 그럼으로써 군사 쿠데타의 후속 조치에서 모두가 한 식구가 되는 결과가 됐다. 유력 지식인 전반에 대한 공범화 작업이 성공한 것이다. 결국 그들은 국민 대중을 기만하는 정치 조작에 방조자가 됐다.

마지막으로 지적할 것은 일부 학자나 교수는 군정이 자리를 잡아 가자 경제개발계획부터 입법 개정 작업 등 온갖 군정이 손대는 일마다 찬양과 지원의 나팔을 불면서 아부와 아첨을 했다는 점이다. 그것은 엽관獵官 운동의 한 방식이 되면서 학계만이 아니라 사회 일반까지도 타락시켰다. 국영방송의 뉴스 해설에 나와 박정희가 듣기 좋아하는 말만 파렴치하게 되풀이해서 관직에 오르는 인사가 나옴에 따라 학문에 무능하거나 별반 의욕이 없거나 정치에 야심이 있는 자들은 출세나 자기 호신책으로 정권을 위한 앵무새가 되어 갔다.

독재하에서 학자나 교수가 권력의 비굴한 시녀로 타락한 극치는 1972년 유신 쿠데타 후 유신헌법의 홍보에 학자나 교수를 비롯한 각계 명망가라는 평가를 받는 사이비 교양 계층을 총체적 대량 동원한 일이다. 당시 강제적으로 동원했다고는 하지만 본인이 마음만 먹으면 피하거나 거부할 수 있었다. 필자(한상범)도 헌법을 공부하는 입장에서 그러한 부탁을 받고 압력도 받았지만, 스스로 완강하게 기피하고 거부하면 잡아넣기 전에는 어쩔 도리가 없었다. 대다수 학자들은 야심이 있거나, 마음이 약하거나, 특히 약점이 잡혀서 권력의 강압에 굴복했던 것으로 보인다. 그러나 그것이 중대한 국사를 그르치고 국민을 배반하여 헌법을 파괴하는 데 방조한 행위에 대한 변명으로 통할 순 없다. 유신 쿠데타에 반대하여 망명, 투옥 등 온갖 수모를 당한 사람도 있다. 사람이 사회적으로 책임을 지는 지위에 있을 때에는 자기의 일신의 위험을 무릅쓰고라도 결단을 내려 선택해야 한다는 당연한 사회윤리를 우리나라 지식인들은 너무나 가볍게 지나쳐 버렸다. 참으로 유감스러운 일이다.[12]

---

[12] 한국의 지식인은 아직도 스스로 반성하지 않는다. 군정 하수인 역의 죄과를 은폐하고 다시 권세에 편승하려고 의복을 갈아입고 있다.

제 3 장

독재의 수법으로서의
법 기술

독재에서 법 기술의
악용과 왜곡 문제

외견적 입헌주의 국가의 형식적 법치주의에서
법적 허무주의로 전변한 사례

근대 시민법사상이 영국, 미국, 프랑스처럼 시민혁명의 토양 위에서 성장한 경우 악법과 폭정에 대한 거부나 저항에서 비롯됐다는 것은 하나의 상식이다. 그런데 한국 법제의 스승 격인 일본의 법사상은 그러한 시민법사상이나 법학과는 거리를 두고 발전했다. 한국과 일본은 자생적 시민혁명을 결여했기 때문이다. 특히 메이지유신 후 일본에서는 1850년의 프로이센이나 1870년의 독일제국의 법문화가 일본 법제와 법학의 모델이 됐다. 사실 19세기 일본의 실정에서 메이지유신은 결코 서구적 의미의 시민혁명이 아니었다. 왕정복고의 형식을 빌려 왕권 중심적인 중앙집권화된 체제로 근대화를 위로부터 추진했던 것이다.

여기서 19세기 독일의 외견적 입헌주의 체제하의 법치주의의 실태를 보는 것은 우리의 현상 분석의 선례로서 참고가 될 것이다. 시민법에서 법이 권리 체계이고 법의 이념이 정의라고 하는 개념은 법치나 법의 지배 자체가 권력자의 지배가 아니라 권력자의 자의를 억제하고 규제하는 제도나 장치라고 하는 점에서 그 핵심이 드러난다. 그런데 외견적 입헌주의는 그와 반대로 자연법상의 천부인권 관념을 부인하고 실정법 질서를 권력자에 의한 위로부터의 구성으로 보았다. 이렇게 자연법을 부인하는 발상은 19세기의 자연과학의 발전이 사회과학에도 실증주의적 방법으로 영향을 주는 기류를 타고 아주 과학적 방법인 양 치장돼서 자연법사상의 역사적 의미가 무엇인지 인식이 부족한 후진국 지식인의 호응과 공감까지 받지만, 바로 여기에 함정이 있었다. 근대 시민적 자연법사상을 건너뛰는 설익은 진보성과 과학성이 인권의 핵심 사상을 자연스럽게 고사시켜 버린 것이다.

우리의 법사상이나 법학은 이러한 19세기 독일의 외견적 입헌주의가 남긴 잘못된 멍에를 벗지 못하는 데 문제가 있다. 시민혁명의 천부인권과 저항권의 유산을 누락해 놓고 근대적인 법사상이나 법학은 제 모습을 갖출 수 없다. 역사에는 생략이나 비약이 없음을, 시민혁명을 체험했는지, 그 유산을 올바르게 이어받았는지 여부가 중대한 계기임을, 우리는 독일의 시민적 민주 발전의 좌절과 나치화나 일본제국의 군국주의화에서 생생하게 본다.

흔히 19세기 독일의 법사상은 자연법을 배척하는 사조를 **법실증주의**라고 불렀다. 외견적 입헌주의의 정치 풍토가 학적 분위기에 반영된 것이다. 특히 프리드리히 사비니Friedrich Savigny의 역사법학은 프랑스혁명의 성과인 나폴레옹 민법전 등 개혁 입법에 반대하는 수구적·보수적 이해를 대변한다.

이러한 역사적 배경을 비판적으로 이해하지 못한 채, 이른바 순수학문적 관심사로 법철학의 논제를 다루어 온 일본 법철학의 분위기가 해방 후 우리에게도 그대로 이어졌다. 일본의 법철학은 파시즘 국수주의의 억압하에서 한스 켈젠Hans Kelsen의 순수법학이라는 자유주의 법학을 거점으로 일본의 군국주의와 대결한 요코타 기사부로橫田喜三郎 같은 학자를 낳은 면도 있지만, 시민법사상과 시민법학의 전통을 제대로 이어받지는 못했다. 겨우 마르크스주의를 통한 사회 비판으로 숨통을 틔웠지만, 그 마르크스주의도 일본 지식계의 관념성과 잘못된 서구 숭배주의로 현실 발판을 결여한 환상적 혁명론으로 표류하면서 천황숭배의 미신이라는 취약점으로 좌초해 버렸다. 그러한 일본의 영향이 해방후 오래도록 우리에게 알게 모르게 미쳐 왔다. 특히 독일 법학에 대한 숭배 사상은 문제가 있다. 일본의 자유주의자가 스스로 지적하듯이 일본의 독일 학문 일변도는 결국 일본의 사상적·정신적 몰락을 재촉했다. 하세가와 뇨제칸長谷川如是閑은 다음과 같이 말한다.

"…… 일본이 몰락한 것은 명치 중기 20년대(1887년대) 이후 일본의 지배층이 독일 사상을 채용했기 때문이다."[1]

우리의 독일 숭배 의식도 일본 지식인의 영향을 받았으며, 일본식의 연장이다. 법학에서는 1889년 메이지헌법 이래 일본이 독일 일변도가 됨으로써 그들의 외견적 입헌주의의 사상이 그대로 일본으로 이식됐고 그것이 우리에게 이어진 면이 있다고 본다. 그래서 독일의 법실증주의의 논법인 "법은 법이고, 악법도 법이다. 따라서 일단 악법에도 복종해야 한다"라는 논리가 압도하는 풍조에 매몰돼서 법철학의 빈곤을 초래했다. 독일의 법조계나 법학계가 나치의 악법 앞에 항변 한 번 제대로 하지 못한 원인과 배경은 여러 가지를 지적할 수 있다. 무엇보다 관헌官憲 국가 사상과 관료주의의 생활화로 오염된 독일 사회 전반의 상태

---

[1] 하세가와 뇨제칸(長谷川如是閑), 「메이지(明治)·다이쇼오(大正)·쇼와(昭和) 삼대(三代)의 성격: 신화(神話) 시대로 부터 역사적 지속과 그 중단」, 《中央公論》 1959년 4월호.

를 지적할 수 있고, 여기에 제1차 세계대전 패전의 열등감과 수모를 나치가 메꿔 준 데 대한 공명 심리도 있었을 것이다. 그렇지만 근대법학에서 악법 거부의 정의正義 정신이 실종되는 것을 방치한 채, 학적 중립이나 가치중립성이라는 미명하에 자기 책임을 포기하는 행동은 법적 허무주의로의 도피로서 그 자체로 용서받을 수 없다. 그것을 용서할 수 없다는 것은 나치 협력자에 대한 처벌 문제에서 협력자가 관료이고 상관 명령 집행자라도 형사시효에 관계없이 무한정 추급할 수 있다고 하는 국내외적인 합의가 이루어진 현재의 법적 인식으로 봐도 당연한 것임이 입증되고 있지 않은가?

독일에서 독일제국 시대까지의 자연법을 거세한 법실증주의의 잘못된 발상이 형식적 법치주의가 됐다는 것은 그래도 현대 국가 이전의 시대이니 그렇다고 하자. 그러나 20세기 나치가 하나의 지배 사상을 내세우면서 1933년에 집권하여 법에서 정의와 인도, 인류를 완전히 거세한 악법을 남발했을 때에 독일의 관료사회나 시민은 그것을 법의 이름으로 묵인했다. 이는 법에서 정의가 결여되면 이미 법이 아니라고 하는 시민사상과 시민법학의 전통이 없었던 점에 원인이 있었다. 이 점에 대해 주의를 환기하는 바이다.

일본은 패전 후 전범을 처리할 때 사법 관료들을 거의 면책에 가깝게 방임했는데, 이것이 독일과 다른 점이다. 독일은 악법에 따라 법을 적용한 재판관과 검찰관 등 사법 관료를 비롯해 행정 관료들을 처벌했지만, 일본에서는 그러한 문제의식이 거의 동면 상태였다. 이 점이 패전 후 독일과 일본이 사상적인 면에서나 법문화적인 면에서 과거 청산을 통한 민주화 개혁이 그 수준과 질에서 근본적인 차이를 보이는 이유이다. 우리는 유감스럽게도 일본의 문화적 영향 아래 있어 왔다. 그래서 친일 법조인이나 관료의 처벌, 그들의 법적·도의적 책임 규명이 거의 문제화되지 못했다. 시대의 변천과 요구에 대한 법철학적 문제의식이 부재한 상태였다. 해방 후 우리 법철학계에 총아 격으로 소개된 외국의 법철학자가 한스 켈젠과 구스타프 라드브루흐Gustav Radbruch 등이다. 패전 후 일본 법철학계를 주도한 오다카 도모오尾高朝雄가 경성제국대학 교수로 있었던 연유도 있겠지만, 일본 학계의 영향은 압도적일 수밖에 없었다. 그런데 일본학계의 켈젠이나 라드브루흐에 대한 인식 수준보다 우리 학계가 미숙했다는 점 또한 당시의 한계점이었다는 사실을 지나쳐서는 안 된다. 이 점은 우리가 스스로 지적하고 싶지 않은 치부이기도 하지만 말이다.

해방 후 한국 법철학에서 민주주의론이나 정의론, 악법 문제가 거의 불모 상태에 있었던 근본 요인이 무엇인지는 이러한 점을 감안하지 않고는 그 수수께끼를 풀 수 없다. 우리의 법철학이나 법사상 또는 법의식은 일본제국식과 나치 독일식을 벗어나야 한다. 독일은 패전 후 헌법에서까지 자연권과 저항권을 명시했고, 법학계뿐만 아니라 사회 전반이 의식과 사상의 일대 전환을 했다. 일본조차 패전 후 맥아더 후견하의 개혁은 어느 정도 천황제 신권주의에서 벗어날 전기를 일부나마 마련했다. 그런데 친일파 주도의 한국만이 일제 잔재 가운데 나쁜 것만 쫓아가는 꼴이다. 여기서 우선 관헌 국가, **형식적 법치주의** 국가, 외견적 입헌주의로 낙후된 서방 국가라고 낙인찍혔던 독일이 일대 전환과 변혁을 이룬 새로운 세상에서 우리가 일본의 꽁무니만 따른 면을, 그것도 주로 그들의 나쁜 점만 따른 면을 반성하고 자기비판을 하는 것이 문제를 푸는 최소한의 요건이 될 수 있다. 필자는 서양의 근대법제를 수용하면서 그것을 왜곡하고 변조하고 수용한 전철을 되풀이해서는 안 된다는 점을 강조하려고 이를 먼저 문제로 제기했다.

법치주의 토양의 불모성과 관치·인치: 법률만능주의의 지배

정상배와 관료의 야합에 의한 법의 왜곡·변조·파행 운영이 만성화된 원인을 소급해 보면 조선 왕조 말기 관료 지배의 부패·타락 현상인 세도정치와 아전衙前 등 실무진의 협잡성의 상투화된 봉건적 관료주의에서 일제 식민 통치의 관권 만능 지배까지 이르게 된다. 실제로 해방 후 일제하의 관료가 그대로 관료계의 주역이 되고 아울러 일제 법령과 서식, 행정 관례가 고스란히 이어짐에 따라 체제의 간판은 민주공화국이 됐지만, 실속은 관료 지배의 식민성 체제가 그대로 유지되는 격이었다. 그러한 결과가 법률 현상에서 단적으로 표현된 것이 **법률만능주의**이다.

관료는 민民이 자의대로 조종되지 않으면 "법대로 하겠다"라고 소리쳐 협박했다. 법치국가에서 법대로 하는 것은 당연한데, 실상 관료가 말하는 법은 민주국가의 법 개념과 내용이 달랐다. 민주주의의 법률관에 따르면 법률은 프랑스 인권선언 제6조에서 정하고 있듯이 **국민의 총의**여야 하고, 그것은 정의正義의 이념을 그 내용으로 해야 한다. 도식화해서 보면 '법률 = 국민 총의 + 정의의 이념 구현(자연법에의 적합성)'이다. 그런데 관료주의적·식민지적 법률관에서 보면 법률은 권력자(나라님이나 나리들)의 명령이므로 그 명령의 내용이 정당한가 여부는 서민이 함부로 따져서 법질서를 혼란스럽게 할 수 없다. 따라서 법대로 한다는 것은 나리의 명령을 엄격하게 집행해서 혼을 내주겠다는 것이다. 나리의 은혜는 법이 엄격하게 미치지 않게 묵인하는 것이다. 그래서 서민은 나리가 성내지 않게 고분고분 잘 따라야 했다. 이러한 법 집행의 전근대성(봉건성)과 식민성의 이중구조가 개발독재 또는 군사독재에서는 관료가 자기 편한 대로 법을 통해 지배하고 그 지배 과정에서 법의 내용을 왜곡하고 변조하는 것으로 나아갔다.

결국 그렇게 법대로 하는 식은 관치官治가 되고, 결국 권력자 자의대로 하는 인치人治가 된다. 우리가 개발독재하에서 법률의 이름으로 관치와 인치에 이르는 과정을 법치로 속여 온 것은 법률로 정하면 자동적으로 법대로 된다는 막연한 서양의 법률물신숭배주의法律物神崇拜主義를 신앙처럼 믿는 설익은 근대법학의 얄팍한 잘못된 지식 탓도 있다. 법의 지배든 법치주의든 혹은 다른 식으로 표현하든, 이는 그 법률이 국민의 의사가 되도록 투쟁해서 이룩하고, 나아가서 법률의 해석·적용·집행 과정에서 그 본래의 취지가 관철되도록 시민 스스로가 행정 과정이나 사법 과정에서 감시·비판·참여를 해야 한다고 하는 초보적인 책무에 태만했기 때문이기도 하다. 여기서 권력자와 그 하수인인 관료만을 탓할 순 없다. 문제는 우리의 그러한 법치주의 여건의 빈곤성이 법을 악용한 독재로의 길을 좀 더 용이하게 해 준 불행의 요인이었다는 점이다.

군사정권의 법 기술의 악용과 왜곡의 문제들

이승만 정권이 경성京城 중심의 친일파에 의한 지배였다면, 박정희 정권은 만주 변방 친일파에 의한 지배였다고 볼 수 있다. 박정희에게

군의 인맥은 만주군관학교 중심의 친일 인맥이었으며, 당시 관료나 그 밖의 인사도 만주대동학원 출신인 최규하나 만주의 어용 친일 단체 오족협화회 사무국장 출신인 이선근, 《만선일보》 출신인 이은상 등이 주역이 됐다. 그들은 일제가 만주에서 실험한 지배 방식을 상당히 모방하고 답습했다.

중국인은 일제가 침략했을 때 무력 이외의 수법으로 법을 악용하는 것을 법비法匪라고 했다. 그 수법은 일본이 한국에 침략할 때에도 서양의 법제도와 법 기술로 외교상의 국제법에서 재산 취득과 같은 재산법제와 형사법에 이르는 국내법까지 갖가지 방식으로 모두 활용됐다. 만주에서는 더욱 거칠고 노골적이며 대담했다. 예를 들면 중국인의 논밭을 그대로 강탈하는 것이 아니라, 총과 칼을 들이대고 각종 관의 권한을 동원하기는 했지만 매수와 매도의 법률 형식을 갖춰 강탈하고, 비록 가짜이지만 모양새는 재판을 빌려 강탈과 살육을 자행했다. 상대방의 법의 무지와 맹점을 최대한 악용하고 나아가서 전쟁이나 무력행사를 위해 법적인 구실을 날조하고 조작해서 자위적 방어 조치로 강변하며 침략했다.

이러한 수법을 일상 봐 온 사람에게 법은 약자를 위한 보호 장치이기보다는 강자를 위한 지배 수단이었고, 법의 정신은 정의이기보다는 강자의 이익이자 승자의 행위를 정당화하는 도구였다. 만주 변방 식민지와 조선 식민지의 법의 무법적 악용을 이미 알고 있는 군사정권 인물들은 관제 국민운동에서 신사 참배식 충성 동원인 대중 동원의 궐기대회에 이르기까지 온갖 방식을 이용했다. 특히 전시 총동원 체제와 비상시 긴급 체제는 그들의 개발독재에 아주 유용한 수법으로 사용됐다.

우리가 이승만 시대의 관료 지배나 박정희 시대 이후 군사정권 지배 수법의 모델을 보려면 일제의 지배 방식으로 거슬러 올라가면 된다. 강동진姜東鎭이 쓴『일본의 조선지배 정책사 연구日本の朝鮮支配政策史硏究』(1979)를 보면 그 현상을 조금이나마 엿볼 수 있다. 특히 일제 말기의 총동원 체제의 실상을 보면 개발독재 수법의 일부를 알 수 있다.

군사정권이 30여 년간 법을 악용한 독재 수법을 사용하고 그 방식을 합리화하고 정당화해 올 수 있었던 데에는 실무 법조인인 법 기술자 이외에 법학자와 어용언론의 역할이 컸다. 군사정권 수십 년간 법의 왜곡과 타락을 방관하고 묵인해 온 법학자의 무기력과 비겁함 및 도덕적 용기 부족은 아무리 변명해도 정당화될 수 없다. 특히 거짓말로 국민을 속여 나라를 파탄으로 이끌어 온 어용 사이비 곡학아세의 무리를 방치한 것은, 간접적으로 그들을 인정해 동조한 것과 마찬가지로 미필적 고의이며 부진정 부작위의 책임을 면할 수 없다고 해도 변명할 길이 없을 것이다.

법치주의를 외견화한 관치와
독재 수법으로서의 법 기술

쿠데타의 기정사실화와 국민투표를 통한 국민 합의의 날조와 어용학자의 방조

정의가 승리한 적이 없었던 역사를 가진 국민은 기성사실에 취약하다. 이미 이루어진 사실을 뒤집어엎는다는 것이 얼마나 어려운지 체험을 통해서 알고 있기 때문이다. 특히 우리나라 근현대사가 반역자들의 부귀영화로 점철되어 얼룩졌다는 것은 엄연한 사실이다.

어느 독립유공자 유족 모임에서 필자(한상범)는 두 가지 사실로 인해 엄청난 충격을 받았다. 친일 잔재를 물적으로나 인적으로 청산하는 문제에 대해 필자가 강연할 원고 초안을 두고 원로라는 분들이 이렇게 대담하고 노골적으로 비판해도 되겠냐며 주저하며 논지를 완화해야 한다고 했다. 필자는 당장 "여러분들이 바로 그렇기 때문에 친일파에게 아직도 천대받지 않느냐!" 하고 소리를 질렀다. 나중에 너무 심하게 표현했다는 생각도 들었지만 소신에는 변함이 없었다. 또 한 가지는 친일파는 벼슬하고 부자가 되고, 독립운동을 한 사람은 3대가 망한다고 하니까, 어느 노인이 "아니요. 독립운동을 하면 3대가 아니라 5대가 망하오. 우리 꼴을 보시오"라고 했던 일이다.

이러한 사실이 엄존하니 불의에 항거할 기백이 시들어 버리고 현실 앞에 쉽게 굴복하거나 체념하게 된다. 이러한 사회심리를 누구보다 잘 아는 군사독재자, 즉 친일파들이 쿠데타를 기정사실화해 밀고 나가면서 국민 위에 군림했다. 거기에서 부족한 것은 국민투표라는 그럴듯한 요식행위로 포장했다. 그러고 나면 어용학자와 기회주의적 언론이 나팔을 불어 대며 잔일이나 설거지를 도맡았다. 일제하에서 이미 우리 지식인과 언론은 강자에게 어떻게 아부해야 하는지 충분히 배웠다고 할 수 있다. 당시 친일을 한 사람들이나 그들 아류가 대개 그대로 나팔수 노릇을 해 오고 있었기 때문에 자연스럽게 일이 진행됐다.

1961년 5.16 쿠데타가 새벽에 잠든 사람들 앞에 총칼로 들이닥쳤을 때에 대개의 시민들은 그것이 무엇을 의미하는지 몰랐다. 그러나 약삭

빠른 지식인들은 세상이 달라지는 것을 알고 줄을 서기 시작했다. 그들은 군사 반란 집단의 고문이요, 자문위원이요, 전문위원이요 하고 끼어들기 시작했다. 그리고 헌법을 공식적으로 부정하는, 나치의 수권법보다 악질적인 법이 이른바 **국가재건비상조치법**이라는 이름으로 공표됐을 때 학자들은 기다렸다는 듯이 그 법을 해설하여 쿠데타를 학리적으로 기정사실화하고 합리화해 주었다. 더욱이 이러한 과정에서 군사정권은 쿠데타에 의한 위법행위를 한꺼번에 정당화하고 합법화하고자 근대사에서 1850년대 나폴레옹 3세가 쿠데타 합법화 수단으로 써먹었던 국민투표를 이용했다. 국민투표가 대외적으로도 쿠데타가 국민의 동의를 획득했다고 내세우는 요식 절차로서 손색이 없었던 것이다.

관권의 지배하에 굴복해서 살아온 국민들이었기에 쿠데타에 찬성하도록 국민투표로 대중 동원을 하는 것은 어려운 일이 아니었다. 군사 집권 세력은 1972년 유신 쿠데타, 1980년 5.17 쿠데타 등에서 이 수법을 단골 메뉴로 써먹었다. 우리보다 정치적으로 선진국인 프랑스에서도 샤를 드골이 제5공화국 헌법 제정 당시부터 국민투표를 써먹다가 1968년에 이르러서야 부결의 쓴잔을 마시고 대통령직에서 하야한다. 이때부터 프랑스는 비로소 **국민투표적 제왕 지배**의 나라를 면했다고 본다.

악법의 제정과 기존 법령의 개악

법을 통한 독재 지배의 가장 초보적이고 주요한 수법은 악법의 제정과 그 집행이다. 우리는 시민혁명에서의 악법에 대한 문제 제기를 돌아볼 때에 두 가지 측면을 지적해 볼 수 있다. 먼저 시민계급의 성숙에 따라 기존 법제가 이미 질곡으로 변해서 악법에 대해 문제를 제기하는 경우이다. 1789년 프랑스혁명 당시 종래의 세 개 신분으로 구성된 등족회의 체제가 이미 당시의 사회적·정치적·경제적인 요구에 부적합하다고 보고 시민적 요구를 수용한 새로운 체제를 모색할 때에 기존의 체제를 옹호하는 것은 악법이자 폭정이었다. 한편 1688년 영국의 명예혁명 당시의 실정을 보면 그 당시 왕은 청교도혁명과 그 후 왕정복고라는 변화 과정에서 시세의 흐름을 거역하고 의회당인 시민 세력에 적대하는 조치를 취함으로써 몰락하게 된다. 왕정복고 당시 이미 변화라는 시대 요청을 감지해 의회를 통해 표현되는 시민적 요구를 수용할 수 있었다면 왕정의 몰락과 정권 교체는 이루어지지 않았을 것이다.

한국의 군사정권은 기존의 헌법 체제를 파괴하면서도 기존의 헌법 체제가 지향하는 자유민주주의의 수호자를 자처하며 정작 자유민주주의에 정반대되는 악법을 만들어 갔다. 당시 국민의 정치의식이나 법학의 수준은 사이비 자유민주주의의 정체를 거부하고 그들의 쿠데타와 그에 따른 악법 제정에 정면으로 반대해서 문제 삼을 수준에 이르지 못했다. 잘못되긴 잘못됐는데 무엇이 어떻게 잘못됐는지 파악할 수 있는 뚜렷한 법의식과 정치의식이 확고하게 구체화되지 못했다. 그렇게 민주 역량이 부족했던 것이 당시의 쿠데타 권력에 굴복한 실제 이유라고 하겠다.

쿠데타 이후 국가재건비상조치법이라는 민주 헌정 파괴를 공식화한 악법에서 개헌의 이름으로 자행된 헌법 체제의 개편을 거치면서 구舊정치인을 봉쇄하는 '정치활동정화법'이라는 악법이 생겨났다. 거기다 빈번히 개악되는 국가보안법, 표현의 자유에 대한 법령과 노동관계법의 대대적 개악 등도 들 수 있다. 여기서 악법은 무엇인가 하는 원론적 문제를 논하면서 이 법제 개악의 실태를 확인해 보자.

프란츠 노이만Franz Neumann의 악법론을 상기하면서 현대에 우리가 악법이라고 하는 것을 정리해 보면, ① 인간 존엄성에 대한 본질적 침해, 즉 인도人道에 반하는 것, ② 인격 평등과 기회균등에 반하는 것, ③ 법의 일반성을 유린하는 내용, ④ 실질적 정의의 요구가 확실하지 못한 채 소급입법을 하는 것, ⑤ 자유 민주 질서의 기본이 되는 정치적 자유와 비판·반대의 자유를 일방적으로 거세하는 단독 정당 지배나 그 밖의 정치 탄압의 파시즘적 악법, ⑥ 생존의 기본 조건을 무시한 형평, 사회정의의 원칙을 무시한 시장적 공정거래의 유린, 경제적 약자의 생존 보장의 원칙에 반하는 법 …… 등이 있다.

물론 그러한 악법에 대한 저항은 신중해야 하고 부득이한 경우에 예외적인 것이어야 한다. 그것은 쿠데타나 그에 준하는 사태 및 폭정으로 정상적 구제 회복이 어려운 상황에서 발동될 수 있고 역사적으로도 그렇게 발동되어 왔다. 우리의 경우는 너무나 저항 의식 없이 악법과 폭정을 묵인해 온 노예적 상태의 감수感受에 문제가 있다. 나라의 질서가 문란해지고 붕괴되는 근본적 요인은 국민의 법 위반보다 지배 권력이나 권력 찬탈 세력의 헌법질서 파괴에 있음을 염두에 두고 이 문제를 생각해야 한다.

다음으로 기존 법령의 개악 문제는 독재하에서 항상 발생한다. 이 수법은 독재 세력이 끊임없이 써먹고 있는 상투 수단이기 때문이다. 여기서 군정 독재 기간 동안에 가장 악질적 사례로 꼽히는 법령의 사례를 보자. 먼저 국가보안법 등 공안관계법이 기회 있을 때마다 개악되는 것, 정치활동의 자유를 원천 봉쇄하는 선거관계법령 같은 사례, 언론 등 표현의 자유법제의 개악, 노동관계법의 개악 등을 들 수 있다. 이러한 유형의 법령이 군사독재의 고비마다 개악되고 변조되어 온 것을 우리는 법령집의 혼란스러움 속에서 직간접적으로 확인할 수 있다. 법령은 사회변동에 따른 사회적 수요에 따라 변화되는 사태에 적응해야 하기 때문에 개정될 수 있다. 그러나 이러한 관점이 아니라 집권 연장, 반대파 억압, 노동운동을 억압하기 위한 규제, 기득권 세력의 이득을 위한 제도 개편 등을 이유로 하는 개정은 글자 그대로 개악改惡이다. 바로 그러한 개악의 역사를 우리는 독재 정권에서 본다. 이에 대해서는 악법 개폐를 위한 민주화 요구로서 1987년 이후 수많은 문헌이 민주화운동의 일환으로 쏟아져 나왔고 개개 학자의 연구도 있어 왔다. 문제는 그것이 정치운동과 시민사회운동으로 결집하여 조직화된 역량으로 실제 민주화 개혁을 이뤄내야 한다는 점이다. 또한 그러한 민주화 개혁의 결실이 부족하고 미진한 까닭도 함께 살펴봐야 할 것이다.

모법의 근거를 무시하고 일탈한 하위법과 행정상의 지시 및 지령

위수령은 모법의 근거조차 없는 비상 명령으로서 이를 통해 실제 계엄 상태와 마찬가지로 군사력을 동원할 수 있었다. 한일협정이 문제가 됐던 당시에 이를 반대하는 학생 시위가 확대됐고 군사정권이 시위를 막을 대책을 강구하다가 나온 조처가 계엄 선포였다. 그런데 그 이후 대학에 군대를 투입할 때는 계엄이 아닌 위수령을 발동하기도 했다.

그 외에 한국의 입법 체계에서 상위 규범과 하위 규범의 엄격한 단계 구조를 얼마나 고수해 나가야 하는지에 대한 문제는 행정 관료의 안중에 별반 인식이 없었다. 헌법이나 행정법의 이론에서는 행정입법으로 위임명령의 문제가 제기되어 외국 사례와의 비교가 흥미 있게 논구되기도 한다. 그런데 모법과 비교해서 실제로 시행령이 얼마나 준수되는지 살펴보면 그것이 제대로 준수되지 못함을 쉽게 발견할 수 있다. 예를 들어 자격시험이나 채용시험으로 아주 주요한 사법시험령을 비롯한 시험관계법령이 모법의 명확한 근거 없이 행정명령으로 임의적으로 조정되고 있다. 각종 시험관계법령은 직업의 자유 및 생존권과도 직접 관계되는 중대한 법규인데, 행정명령으로 국회의 심의와 의결을 거치지 않고 처리되는 것은 문제가 있다. 또한 교육관계법령에서 시행령으로 처리되는 고등교육에 관한 주요 사항, 특히 대학의 구조를 개편하는 사항이 구체적 위임을 받지 않고 백지위임에 가까운 위임을 통해 관료에 의해 간단하게 법규 사항이 명령으로 규정되어 시행령의 형식으로 하루아침에 이렇게도 저렇게도 둔갑을 하는 것은 문제가 있다.

김영삼 정부 당시에 교육개혁의 일환으로 추진된 이른바 **신학대학원·의학대학원·법학대학원** 제도가 그렇게 시행되려고 했고 지금도 그러한 입법 형식으로 중대한 사안이 변경되어 가고 있다. 일제하 칙령勅令의 위력이 되살아난 느낌이다. 행정입법에서 관료의 독주는 결국 관료의 지시 명령으로 모법의 취지가 퇴색될 수 있는 위험 요인을 항상 안고 있는 셈이다. 행정 관료의 입장에서나 정치권력자의 관점에서는 입법부의 심의처럼 번거로운 절차를 거치는 것, 특히 공개된 비판과 검증의 절차를 거치는 것에 불편을 느끼는 인상이다. 입법예고제도도 현재까지의 경위로 보건대 요식 절차의 단계를 넘어서 활발하게 이용되지는 못했다는 인상을 준다.

법령 해석과 법 운영 과정에서 관료의 왜곡

일본 동경대학 행정법 교수였고 후에 일본 최고재판소 판사가 된 다나카 지로田中二郎는 그가 동경대학 조수일 때에 당시 패전 전 일본제국의 행정법 체제의 실태가 법치행정 아래에서 관료 지배로 공허화되는 것을 비판하는 논문「훈령訓令에 의한 행정」을 썼다. 아주 오래된 논문으로 그가 패전 후 중견학자로 활동할 당시인 1960년대에 만든 논문집 첫 권에 수록됐다. 우리 학자 가운데 이를 읽어 본 사람은 많지 않을 것이다. 필자(한상범)는 1960년 조선대학교에서 헌법과 행정법을 강의할 당시에 그것을 읽는 행운을 가졌다. 필자는 그 당시 못지않은 지금 우리의 관치행정, 아니 관료 지배의 권위주의를 체험하고 그에 대한 비판적 시각을 지니면서 우리의 실정이 일본제국의 변조 개악판이라는 점을 새삼 통감하게 된다.

박정희 시절 이전 이승만 정권하였던 1950년대에 우리나라는 이미 매판 관료 지배의 체제에서 **건설업자 공화국**으로 전락하고 있었다. 당시 살았던 사람들은 1950년대를 거쳐서 1960년 4.19 혁명으로 이승만 정권이 몰락할 때까지 국회 건설위원장을 지낸 이용범을 기억할 것이다. 그는 업자(기업인)와 관료가 서로 유착해서 공사를 빙자해 나랏돈, 국민 세금을 말아먹었던 과거를 상징한다 . 개발독재하에서 인허가 사무의 권한 남용, 개발 정보의 유출과 토지 투기, 탈세 방조 및 묵인, 행정 지원 특혜 융자의 악용 등 온갖 방법으로 벼락부자가 생겨났다. 그리고 재벌이 됐다. 이러한 정경유착의 대열에 줄을 서거나 그 모퉁이 그늘에라도 있어야 돈줄을 댈 수 있었다. 군사정권이 박정희 사망 후 말기 증상을 나타낼 때에 노태우 집권 시절 수서 비리 **사건[2]**이나 전두환 집권 시절 장영자 사건[3]과 국제상사 해체 사건[4]은 그러한 부패 구조의 산물이 아니고 무엇인가? 노태우 시절에 청문회를 하긴 했지만 이는 그러한 돈줄과 인연이 있는 정치권의 한계를 드러냈을 뿐이다.

여기서 말하려는 것은 관권을 이용한 정경유착으로 독재 권력에 걸림돌이 되는 개인이나 기업은 불이익을 받았고, 그러한 불이익과 특혜라는 두 칼을 휘두르는 관료의 법 해석과 법 집행 과정이 법 정신, 법 취지를 떠나서 왜곡되고 변조됐다는 점이다. 우리의 일선 행정기관의 위력과 그 권력 행사가 얼마나 비민주적이고 관료적인지는 지금도 행정 일선에 눈길을 주면 금방 감지할 수 있다.

국민 세금으로 국가나 자치단체의 이름으로 시행되는 건설 공사 하나만 예로 들어 보자. 우리는 멀쩡한 보도블록을 파헤쳐 폐기하고, 자전거 몇 대도 안 다니는 자전거도로를 수십억 원을 들여 건설하며, 약수터에 전등 공사를 해서 새가 모두 도망가 곤충이 들끓게 하는 등 환

---

2 1991년 서울시가 26개 특정 주택조합에 당시 개발제한구역(그린벨트)이었던 강남구 수서 · 대치 지역 공공용지 3만 5500평에 아파트 건축 허가를 내주면서 촉발된 비리 사건. 이는 노태우 정권하에서 정경유착을 넘어 관료까지 개입한 전형적인 비리 사건이다.

3 1982년 당시 대통령 전두환의 인척이었던 장영자와 그의 남편 이철희가 일으킨 거액의 어음 사기 사건.

4 전두환 대통령의 지시로 1980년대 21개 계열사를 둔 재계 서열 7위의 국제그룹이 공중분해 된 사건. 1985년 국제그룹의 주거래 은행인 제일은행이 밝힌 그룹 해체의 표면적인 이유는 무리한 기업 확장과 해외 공사 부실 등이었지만, 당시 시중에 회자된 이야기로는 '전두환 대통령이 주최한 만찬에 양 회장이 폭설로 늦게 참석했다'는 등 전두환 정권에 비협조적이었다가 밉보여 해체됐다는 것이 공통적인 시각이다. 1993년 7월 29일 헌법재판소는 "전두환 정부가 국제그룹 해체를 지시한 것은 기업활동의 자유를 침해한 것으로 위헌"(1993.7.29, 89헌마31)이라고 발표했다.

경 파괴로 예산을 탕진하는 꼴을 앉아서 보고만 있다. 자동차가 다닐 수 없는 십자로 쪽으로 도로를 신설하는 무리한 공사를 하고, 건널목 지하도는 사람 다니는 곳이 아니라 로비한 기업체 앞에 뚫어 주며, 주택가 부근 야산에 정자 놀이터를 만든다고 공사를 해서 환경을 악화시키는 것을 본다. 관청은 공사비로 돈을 쓰려고 안달이 나서 야단이다. 지금 나라 경제가 파산인데도 절약은 그저 말뿐인가? 문제는 그간 관료들이 부패했고 그 부패가 권력자의 정치적 목적에 편승해 독버섯처럼 자라서 이 사회에 퍼져 왔다는 사실이다. 새 정부가 들어설 때마다 이러한 관료의 부패를 어떻게 숙청하고 전반적으로 건전한 법치행정을 이룩할지는 아주 어렵기 짝이 없는 숙제가 되었다. 사회 기득권의 실세와 독재하에서 잔뼈가 굵고 출세한 관료가 곳곳에 도사리고 그들을 유혹하는 이권과 그 이권에 군침을 흘리며 달려드는 기업이 있다.

행정지도로 위장한 관료 지배

일본 이야기를 하나만 더 하겠다. 일본의 나쁜 본이 우리에게 그대로 옮겨 왔기 때문이다. 그 하나가 이른바 행정지도라는 수법을 악용해서 관료가 압력을 넣고 돈을 빨아먹고 정치적 이권을 배분하고 독재를 하는 데 기업을 이용하는 것이다. 법치니 인치니 하지만, 법 이전에 권력이 먼저 통하는 것이 이 행정지도라는 도깨비방망이이다. 사람을 잡아넣는 데에 국가보안법의 이적표현죄가 도깨비방망이처럼 이용되듯이, 행정 분야에서 압력을 넣고 말 안 듣는 자를 골탕 먹이는 것은 행정지도이다. 이러한 **행정지도**를 받지 않으면 세무사찰이다, 감사다, 인허가 취소나 거부다, 보조 융자 중단이다 해서 결국 쫄딱 망하게 된다. 전두환 시절 국제상사가 망하게 된 각본이 이것이 아니었는가? 개발독재 아래서 개발행정의 무법·탈법·불법이 행정지도로 위장해서 자행됐다고 하면 지나친 말일까?

법원의 판결이 행정집행에서 겉도는 실태

법원 판결이 공권력에 의한 권리침해에 대한 최후의 구제 수단임은 상식이다. 그런데 그 구제 수단이 행정 관료의 위력 앞에서 무력해지면 이미 법치주의라는 말은 통할 수 없다. 이러한 행정 관료의 위력이 실감 나게 발휘되는 분야는 조세행정 분야와 노동행정 분야이다. 법원의 판결 결과 조세부과처분이 무효가 된 사건을 두고 볼 때에 소송을 한 당사자는 그 판결로 구제되지만, 얌전히 시키는 대로 세금을 이미 낸 사람은 구제받지 못한다. 세금을 관청이 돌려주지 않을 뿐만 아니라 이미 소송할 수 있는 시간이 지나서 구제받을 수 없는 경우가 많다. 이러한 행정권력의 남용과 불법적 독주는 식민지 행정 이래 50여 년이 지나도 시정되지 않았다.

그런데 그보다 더욱 한심스러운 것은 노동행정이다. 어느 기업의 해고 처분이 불법 무효라는 판결이 나왔는데도 기업은 노동부가 판결이행을 촉구해도 철벽처럼 꼼짝도 하지 않은 채 그것을 이행하지 않는다. 김영삼 정권하에 박형규 목사, 김동완 목사, 김승훈 신부, 그리고 필자 (한상범)가 무슨 해고 노동자 구제 시민단체의 공동대표 자격으로 당시 이인제 노동부 장관을 몇 차례 방문한 적이 있다. 필자가 보기에는 아무리 장관이 국장과 과장 및 담당자에게 지시해도 기업체가 거부하면 그만이었다. 노동부에서 더 이상 조처를 취하지 않으니 피해자도 더 이상 할 도리가 없다. 실력 행사로서 사장실 점거농성이나 면담 요구로 나가면 주거침입죄나 퇴거불응죄 또는 집시법 위반의 현행범으로 구치소 행이고 그 사건은 그것으로 종결된다. 도둑이 매를 들어도 정도 문제이지, 이렇게 되면 법원의 판결이라는, 아주 힘들고 시간이 많이 걸리며 막대한 소송비용이 드는 일을 해도 피해자 자신만 파산하는 결과가 된다. 그래서 법은 있으나 마나 한 것이라 본다. 어느 지방대학 교수로 노동위원을 지냈던 사람의 말에 의하면 노동자 중에는 애당초 복직 구제는 바라지도 않고 악덕 기업주를 처벌해 달라고만 하는 사람도 있다고 했다. 그들의 실태를 보면 한 맺힌 원한을 이해할 만도 하다.

독재 정권 반세기는 가장 엄청난 병리로서 법에 대한 불신, 특히 법을 믿다가는 신세를 망친다는 뿌리 깊은 불신을 심어 놓았다. 법을 통한 독재는 결국 법을 거부하는 것이고, 법의 거부는 무법으로서 글자 그대로 주먹과 총칼만이 통하는 세상이다. 그런데도 총칼로 권력을 탈취한 자들이 준법을 떠들어 댔으니 애당초 웃기는 일이다. 법을 전문적으로 잘 모르는 서민도 생활을 통한 경험과 본능적 생존의 감각으로 법이 안 통한다는 것을 알게 된다. 여기에서 법치 파국의 일면을 볼 수 있다.

법률관의 문제와
법학에서 권리의 과제

민주주의 법률관의 세뇌로서 시민혁명의 의미

프랑스혁명 인권선언 제6조에서 법률이 '국민 총의'의 표현이라는 뜻은 법률이라는 정의를 이념으로 지향하는 바른 법, 다시 말해서 자연법이라는 것을 전제로 했다. 그런데 시민혁명에서 악법에 대한 거부와 항거를 체험하지 못한 외견적 입헌주의의 법률관으로는 요식 절차에 적합하게 정해진 법 형식이면 모두 법률이라고 이해할 수밖에 없었다. 여기서 근대법이라고 해도 법의 이념으로서 정의의 과제를 지니고 있는가 그렇지 않은가 하는 확고한 구별이 생기는 것이다. 시민혁명을 이루지 못한 나라의 법 구조의 한계란 바로 그러한 것이다.

이러한 한계를 뛰어넘기 위해서 독일은 독일제국의 **형식적 법치주의**와 나치의 **법적 허무주의**라고 하는 엄청난 대가를 치르고 패전 후에 다시 태어나려는 노력과 투쟁을 했다. 우리는 그러한 독일의 패전 후 민주주의의 새로운 출발의 체험은 배우지 못하고 밖으로부터 제도로서 형식의 민주주의를 선물로 받아들이는 것만으로 안이하게 민주주의로 들어섰다고 착각을 했던 것이 아닌가? 우리는 결국 건국 60여 년의 사이비 민주주의를 청산해야 할 과제를 앞에 두고 원점에서 출발해야 하는 처지가 됐다. 법을 법으로서 바로 세우지 못했던 것이다.

우리는 시민혁명의 유산과 성과를 자기 것으로 하는 일이 결코 쉽지 않음을 파시즘의 파국을 목격하고도 올바르게 인식하지 못했다. 법을 통한 독재란 결국 진정한 의미의 법이 상실되고 사이비(가짜) 법, 다시 말해서 무법의 지배가 횡행하는 것이다. 우리는 이 점을 인식해야만 한다. 법이라고 해서 모두가 법이 아니다. 근대법에서 법이라고 함은 근대 자연법이 지향하는 천부인권이 보장되는 정의의 법이다. 악법은 법이 아니다.

'법의식', 독일 학자의 표현에 따르면 '헌법에의 의지'라고 하는 것은 올바른 법을 나의 것으로 하려는 의지와 결단이다. 그것은 밑으로부터 우러나는 시민의 노력과 투쟁을 통해서만 이룩된다고 하는, 아주 상식적이지만 근본적인 과제를 확실히 해 둘 필요가 있다.

법학의 과제로서 봉건성과 식민성의 극복

흔히 동양 정신이나 유교 정신을 말하는 논자는 봉건적 농경시대의 덕치를 기준으로 해서 현대 산업사회의 법치를 말한다. 시장 거래가 이루어지는 산업사회에서 봉건적 덕목에 집착하여 그것을 설교하면 악인만 이롭게 하는 시대착오적 헛소리에 그치게 된다. 시장 거래에서는 겸손과 의리, 정리情理와 인연이 아니라, 정직과 공정이 문제이고 공공적 정신과 정리에 구애되지 않는 공평이 우선해야 한다. 법학은 바로 시민적 질서의 기본인 정의를 가르치는 것이다.

영어에서 사법司法이란 '재판이 곧 정의'라는 말로 통하고, 독일어에서 법이라는 단어가 '법이 정의이고 권리'라는 말로 통하는 것이 근대법에서 의미하는 바가 무엇인지 생활 속에서 인식해야 한다. 시민법학 이전의 단계에서 천황의 신성불가침성과 연고, 정리를 미덕으로 강조하며 봉건적 가족 질서를 사회적 기반으로 하던 일본제국의 질서가 결국 노예의 질서로서 어떻게 파탄이 났는지 모르는 사람들은 비단 일본의 극우 국수주의자나 천황숭배자만이 아니라 우리 주변에서도 쉽게 볼 수 있는 사람이라는 사실은 우리 민주주의에 크나큰 불행이다. 하루 빨리 이 상태에서 벗어나고자 하는 피나는 노력이 경주되어야 한다.

독재를 하거나 폭정을 하는 세력이 법을 악용하는 일이 더 되풀이되다가는 우리는 영원히 낙오되어 봉건적 농경사회의 덕목을 읊조리며 자위하는 초라한 패배자가 되고 말 것이다.

제 4 장

독재 정권의
지배 수법

위헌적 입법기구를 통한
헌정 파괴의 정당화 수법

군사독재 정권들은 위헌적 입법기구를 통해 헌정 파괴를 정당화했고, 자신들의 집권 기반을 구축했다.

박정희 군사정권은 1961년 쿠데타 직후 정권을 장악하여 국가재건최고회의國家再建最高會議라는 기관을 통해 법률을 만들어 냈고, 1972년 유신 쿠데타 당시에는 비상국무회의非常國務會議가 국회를 대신하게 하는 헌법 유린 행위를 자행했다. 또한 전두환 군사정권은 1980년 5.17 쿠데타 후에 국회를 무력으로 해산하고 국가보위입법회의國家保衛立法會議라는 기관을 만들어 입법권을 행사했다. 이러한 '비상입법기구'의 시기에는 입법활동의 중심이 입법기구 내의 입법 논의 또는 심의에 있지 않았고 의도된 정책의 실현을 위한 도구로서 입법 형식이 선택됐다. 이러한 위헌적 비상입법기구는 그 구성원들이 그곳에 제출되는 법률안의 기초자들과 독립적으로 구분되어 있지 않았거나, 정치적 세력 관계와 정치적·사회경제적 입장에서 견해를 같이하는 자들로만 기구가 구성되었거나, 또는 그 기구가 입법에 대한 자유롭고 민주적인 토론이 제한받은 상태에서 통법기구 또는 집행기구에 지나지 않았다는 등의 평가를 할 수 있다.[1]

5.16 군사정변은 공화주의적 헌정 질서를 폭력으로 유린한 최초의

---

[1] 이상영, 「해방후 한국법제 변천사」, 《법제연구》 제14호(한국법제연구원, 1998), 96쪽.

정권 교체였다. 그것은 합법성을 결여했을 뿐만 아니라 정통성과도 무관했다. 5.16 군사 쿠데타 세력이 집요하게 '5.16 혁명'이라는 명칭에 집착한 것도, 혁명이라는 둔사遁辭로 스스로의 불법성을 호도하려는 의도의 산물이었다. 또한, 1972년 '10월유신'은 쿠데타 속의 쿠데타였다. 다시 말해서, 친위 쿠데타라 할 수 있다. 1979년 '12.12 사태'에서 이듬해 '5.17'[2]까지 전두환이 주도한 긴 쿠데타는 1961년 '5.16'의 물리적 확대이자 시간적 연장으로서 그 어두운 그림자는 1990년대 초까지 이어졌다. 그런 점에서 전두환과 노태우의 연이은 집권은 합법적인 절차나 정치적인 윤리라는 두 측면에서 공히 '있을 수 없는' 역사적 후퇴였다.[3]

국민 다수에 의해 선출된 대표들로 구성된 합의체 기관이라는 형식만으로, 즉 국민대표기관인 의회가 형식상 존재한다는 것만으로 의회제도 내지 의회주의를 채택했다고 볼 수는 없다. 의회주의 채택을 인정하기 위해서는 민주적 선거를 전제로 한 대의기관의 구성과 정부에 대한 대의기관(의회)의 효과적인 통제 수단의 보장이 전제되어야 한다. 다원적인 대안의 형성 가능성 및 이들 대안 가운데서 자유로이 선택할 수 있는 가능성의 보장, 즉 야당의 존재를 통해 나타나는 정치적 대안

---

2 전두환이 중심이 되어 일으킨 '12.12', '5.17' 쿠데타가 남긴 공적이 있다면 "합법적으로 선출된 국민의 대표와 민주주의적 집단 정치만이 선을 행할 수 있다는 사실, 그리고 모든 악은 쿠데타로부터 나온다는 사실을 국민적 신념으로 정착시킨 것이다"라고 보는 견해가 있다. 전상인, 「프랑스와 한국의 '쿠데타와 공화정'」, 모리스 아귈롱(Maurice Agulhon), 이봉지 옮김, 『쿠데타와 공화정』(한울, 1998), 146쪽 참조.
3 전상인, 위의 글, 145~146쪽 참조.

에 대한 개방성이 의회제도 및 이를 기초로 한 대의제 민주주의의 필수적 요소이다.[4]

역대 우리 헌법은 대의민주주의를 채택했지만, 실제로는 대의민주주의를 부인했다고 해도 잘못된 표현은 아니라고 본다. 그러한 대표적인 사례들이 위에서 살펴본 국가재건최고회의, 비상국무회의, 국가보위입법회의들이다.

민의民意의 전당인 국회를 불법적으로 해산시키고, 국민의 대표기관인 국회를 통하지 않고, 5.16 쿠데타 이후의 **국가재건최고회의**, 유신 친위 쿠데타 후 유신헌법 추진을 위한 **비상국무회의**, 10.26 박정희 피살 후 12.12 군사 반란과 5.17 쿠데타 다음 **국가보위입법회의**와 같은 위헌적 비상입법기구를 통하여 개헌이 추진됐다. 그리고 불법적이고 탈법적으로 정권을 찬탈한 군정 세력들은 국회를 통하여 법률의 제정과 개정 등의 입법활동을 하지 않고 위헌적인 불법 입법기구를 설치하여 국회를 대행하도록 했다. 그럼으로 인해 수많은 비민주 악법이 양산됐다. 또한 헌정 50년 동안 국회해산이 세 차례나 이루어졌다. 이는 정치적 혼란기에 정권 찬탈 세력의 편의에 따라 자의적으로 발생했다. 이러한 위헌적이고 불법적인 국회해산은 모두 비상계엄 중에 일어났다는 공통점이 있다.[5]

헌정을 파괴한 쿠데타 세력들은 표면상으로는 비상시국, 비상사태, 국가적 안위를 내세웠지만, 실질적으로는 정권 찬탈이 목표였다. 그리

---

[4] 장영수, 『민주헌법과 국가질서』(홍문사, 1997), 283쪽.
[5] 이철호, 「한국헌정 50년의 문제점」, 《동국대학원신문》 1998년 5월 7일 자, 4면.

고 그 정권 찬탈을 합법화하고자 의회를 이용했다.

우리나라의 입법사立法史를 보면, 매년 100여 건의 법령이 제정되거나 개정됐는데, 일상적인 국회 입법활동을 통해서 만들어진 법령보다 특별한 시기에 집약적으로 이루어진 법령이 많다는 사실이 주목된다. 즉 비상입법기구인 국가재건최고회의(1961년 5월~1963년 12월)에서 1008건, 유신정권하의 비상국무회의(1972년 10월~1973년 3월)에서 270건, 국가보위입법회의(1980년 10월~1981년 4월)에서 189건의 법률안이 집중적으로 가결 처리됐다. 역대 국회별 통계를 보면 정상적으로 국회에서 제출(가결)된 법률안 건수가 대략 평균적으로 400건(150건)인데 반해, 위의 위헌적 비상입법기구가 세워졌던 짧은 기간 동안 통과된 법률안 건수는 전자보다 두 배 이상을 기록한다.[6]

의회주의를 채택하기 위해서는 민주적 선거가 전제되는 대의기관이 구성되어야 함에도 불구하고, 위에 든 비상입법기구들이 민주적 선거가 아닌 쿠데타 세력의 우두머리에 의해 위헌적이고 불법적으로 구성됐으며, 일절 정부에 대한 의회의 통제 수단, 다원적인 대안의 형성 가능성 및 이들 대안 가운데서 자유로이 선택할 수 있는 야당의 존재가 허용되지 않았다는 점은 당시의 비민주성을 보여 준다. 또한 국민의 대표기관인 의회(국회)는 국민의 의사를 최대한 반영하는 가운데 헌법에 의해 정해진 국가 질서의 기본 방향을 구체화하는 곳이므로 국민의 의사를 폭넓고 다양하게 반영해야 하지만, 국가재건최고회의를 비롯한 불법 입법기구들은 정권 찬탈자나 집권자의 정권 연장을 위한 의사만

---

6 이상영, 앞의 논문, 96쪽.

을 반영했고, 국가 질서가 아닌 권력 찬탈자나 집권자의 집권 정당화·합법화의 기본 방향만을 추구했다는 점에서도 헌정 파괴의 실상을 보여 준다.

위헌적인 비상입법기구의 특성을 간추려 보면 다음과 같다.

① 불법적인 비상입법기구의 입법은 입법기구와 입법에 대하여 사후적 사법심사司法審査를 제한한다. 제3공화국 헌법 부칙에서 국가재건최고회의에서 만들어진 법률의 효력을 계속 인정하고 있고(제3공화국 헌법 부칙 제5조), 유신헌법도 비상국무회의에서 제정하거나 개정한 법률의 효력을 지속하도록 하고, 동시에 헌법 기타 사유로 제소하거나 이의를 제기할 수 없도록 하여 법률의 사후적 통제와 심사를 배제했다(유신헌법 부칙 제6조, 제7조 참조). 또한 제5공화국 헌법 부칙은 국가보위입법회의의 입법을 사법심사의 대상에서 제외시킨다(제5공화국 헌법 부칙 제6조, 제9조 참조).

위헌적 입법기구의 입법에 대한 사후 통제 제한 규정

헌법	헌법 부칙 조문 내용	비고
제3공화국 헌법	• 국가재건비상조치법 또는 이에 의거한 법령에 의하여 행하여진 재판·예산 또는 처분은 그 효력을 지속하며 이 헌법을 이유로 제소할 수 없다.	부칙 제5조
유신헌법	• 이 헌법 시행 당시의 법령과 조약은 이 헌법에 위배되지 아니하는 한 그 효력을 지속한다. • 비상국무회의에서 제정한 법령과 이에 따라 행하여진 재판과 예산 기타 처분 등은 그 효력을 지속하며 이 헌법 기타의 이유로 제소하거나 이의를 할 수 없다.	부칙 제6조 제7조
제5공화국 헌법	• 국가보위입법회의가 제정한 법률과 이에 따라 행하여진 재판 및 예산 기타 처분 등은 그 효력을 지속하며, 이 헌법 기타의 이유로 제소하거나 이의를 할 수 없다.	부칙 제6조

이처럼 위헌적 입법기구들은 헌법 부칙 등에 "비상입법기구가 제정한 법령의 효력은 지속되며 헌법위반 등을 이유로 제소될 수 없다"는 명문의 규정을 두어 그 정당성과 위헌성에 대한 논란을 방지했는데, 이는 국가재건최고회의, 비상국무회의, 국가보위입법회의에 의해 제정된 법률들의 정당성에 자신이 없었음을 반증하는 사례이다.

② 비상입법기구의 입법은 대체로 정권 찬탈이나 집권 연장을 위한 방편 또는 집권의 공고화鞏固化를 위한 법률들이 중심을 이루고 있다.

③ 위헌적이고 불법적인 비상입법기구는 공통적으로 '비상계엄' 중에 설치되어 운영됐다. 위헌적 입법기구가 존속하고 활동하는 기간의 계엄약사戒嚴略史는 다음의 표에 나온 바와 같다.

위헌적 입법기구와 계엄약사[7]

사유	계엄 종류	기간	지역	비고
5·16 군사 쿠데타	비상계엄	1961. 5. 16 ~ 1961. 5. 27	전국	12일간
	경비계엄	1961. 5. 27 ~ 1962. 12. 6	전국	556일간
10월 유신	비상계엄	1972. 10. 17 ~ 1972. 12. 13	전국	57일간
10·26 사건	비상계엄	1979. 10. 27 ~ 1980. 5. 17	전국(제주도 제외)	455일간
		1980. 5. 17 ~ 1980. 10. 17	전국 확대	
		1980. 10. 17 ~ 1981. 1. 24	전국(제주도 제외)	

④ 또한 졸속 입법 경향이 현저하다. 국가재건최고회의는 218건, 비상국무회의는 254건, 국가보위입법회의는 24건을 사흘 만에 처리하여

---

7 『한국정치연표』, 입법참고자료 제235호(국회도서관 입법조사국, 1984) 참조; 김호진, 『한국정치체제론』(법문사, 1993), 266쪽.

비대의기관非代議機關에서의 졸속 입법 경향이 현저하다. 앞에서도 살펴보았듯이 역대 비상입법기구의 법률안 심의 기간을 보면, 다음의 표에 나온 바와 같이 법률안이 얼마나 졸속으로 처리됐는가를 확인할 수 있다.

역대 위헌적 비상입법기구의 법률안 심의 기간[8]

사유	가결된 법률안 수	심의 기간 3일	심의 기간 7일	심의 기간 30일	심의 기간 4월	심의 기간 1년 이상	평균 심의 기간(일)
국가재건 최고회의	1,008	218	465	737	927		26
비상국무 회의	270	254(1일)	262	270			2
국가보위 입법회의	189	24	78	189	189		9

⑤ 한국 헌정상 위헌적 입법기구의 발족과 활동에는 공통적으로 학자로서의 양심을 팔아먹은 이데올로그ideolog들이 있었다. 그들은 위헌적이고 불법적인 권력 찬탈 세력들의 통치 이념을 만드는 데 자신의 지식을 쏟아부었고, 그러한 대가로 군사독재 정권들의 이미지 개선을 위한 '액세서리'로 국회의원이나 장관 또는 정부 외곽의 기관장이 됐다. 법 기술자들은 5.16 군사 쿠데타 이후로 1980년 5.17 군사 쿠데타까지 옷을 갈아입으며 곡학아세의 전형을 보여 주었다.[9]

---

[8] 김철, 「국회의 법안심의실태와 개선방안」, 《입법조사월보》 1992년 4월호, 10쪽 재구성.

[9] 12.12 군사 반란과 5.17 군사 쿠데타 후 이루어진 전두환의 불법적인 집권에 학자로서의 양심을 팔아먹은 인물들의 행적에 대해서는 「교수님, 발가벗은 교수님」, 《한겨레21》 제92호(1996년 1월 18일 자), 26~30쪽 참조; 한상범·이철호, 『전두환체제의 나팔수들』(패스앤패스, 2004) 참조.

간첩 조작 및 용공 조작 사건을 통한 지배 수법

'간첩 사건'이야말로 민주적 정당성과 정통성을 결여한 군사독재 정권의 정권 유지와 안정에 가장 긴요한 수단이었다. 간첩 사건은 특히 독재정권이 위기에 처할 때마다 정권 안보를 위한 대국민 선전용으로 조작한 것이라는 비난을 받아 왔다.[10]

간첩 사건의 정치적 이용은 이들 사건을 취급하는 정보수사기구의 난립과 경쟁을 가져왔고, 그 결과 수사관들의 반민주적·반인권적 만행은 날로 커져만 갔다. 특히, 전두환 정권 아래서 정보수사기관들끼리의 경쟁은 개인의 승진과 표창에 직결될 뿐만 아니라 조직 간의 역학 관계에 큰 영향을 미쳤기 때문에 군부독재 정권 실세들은 정보수사기관들의 이러한 경쟁을 조장하여 정략적으로 정권 유지에 악용했다.[11]

전두환 정권은 대규모 '용공 조작' 사건을 악용하고 날조하는 정보공작情報工作 수법을 동원하여 정권을 유지했다. 좌경 용공 조작 사건은 국가안전기획부(안기부)와 국군보안사령부(보안사)가 주도했다.

전두환 집권 초기 대표적인 공안 조작 사건으로는 '아람회 사건'과 '오송회 사건'을 들 수 있다. '아람회 사건'은 1981년 중학교 윤리 교사였던 박해전을 비롯한 고교 동문들이 당시 육군 대위였던 김난수 씨의 딸 아람 양의 백일잔치에서 좌익 단체를 결성했다는 혐의로 기소돼

---

10 박원순, 『국가보안법연구 2』(역사비평사, 1992), 389쪽.
11 박원순, 위의 책, 390~391쪽 참조.

각각 최소 집행유예에서 징역 10년까지의 형이 확정된 반국가 단체 조작 사건이다. '전두환 광주 살육 작전'을 비롯한 유인물을 통해 광주 학살의 진실을 알리는 등 5.18 직후 신군부에 비판적 태도를 보이고 전두환 심판을 촉구한 인사들을, 1981년 7월 반국가 단체 혐의를 씌워 영장 없이 보안분실에 가둬 놓고 일주일 이상 잠재우지 않기, 물고문, 집단 구타 등의 고문 등을 가하여 조작한 제5공화국의 대표적 반인권적 국가폭력 범죄 사건이다.[12] 또한 '오송회 사건'[13]은 1982년 군산 제일고등학교 전현직 교사들이 4.19 기념행사를 갖고, 시국 토론을 하며,

---

[12] 아람회 사건 관련자들은 2007년 7월 진실·화해를 위한 과거사 정리위원회의 재심 권고 결정으로 무죄판결을 받았다. 2010년 3월 9일 서울고등법원 민사11부는 '아람회 사건' 피해자 박 모 씨와 가족 등 37명이 국가를 상대로 낸 손해배상 청구 소송 항소심에서 206억 원 배상 판결을 내렸다. 그러나 대법원은 지연 손해금 발생 시점에 대해 "불법행위 이후 장시간이 흘러 통화가치 등에 상당한 변동이 생긴 경우 예외적으로 사실심 변론이 종결된 날부터 발생한다고 봐야 한다"라며 시점을 원심과 달리 2심 변론이 끝난 2010년 2월로 변경, 당사자들이 받을 배상액을 90억 원으로 2심 판결보다 116억 원 줄였다. 이에 아람회 피해자들은 2011년 4월 헌법소원을 냈다(「'아람회 사건' 헌소 공정히 처리해야」, 《연합뉴스》 2011년 12월 9일 자 참조).

[13] '오성회 사건'이란 그 시절의 공안 사건이 대부분 그렇듯 참으로 황당한 사건이다. 우선 명칭부터가 그랬다. 전북지방경찰청에서는 처음에 사건의 핵심 인물 다섯 명이 이리 남성고등학교 출신으로 알고 이를 '오성회' 사건으로 불렀는데, 그중 한 명이 다른 학교 출신이라 이름을 부랴부랴 '오송회'로 바꿨다. '오송'은 소나무 다섯 그루를 뜻한다고도 하고, 소나무 밑에서 교사 다섯 명이 모였기 때문이라고도 한다. 선생님들이 출옥한 뒤 누군가가 그들에게 오송이 어디 있느냐고 물었는데 아무도 그것이 무엇인지 몰랐다. 오송은 그들이 즐겨 찾던 군산 제일고등학교 뒷산이 아니라 사건을 조작한 자들의 흑심 속에 있던 것이다. 백일잔치에 모인 사람들이 걸리면 아기 이름을 따 '아람회'가 되고, 금강에 놀러 갔던 사람들이 걸리면 '금강회'가 되던 시절이었다(한홍구, 「'오송회' 1심 재판부, 보안법 피고인에 파격적 선고유예」, 《한겨레》 2010년 3월 15일 자 참조).

김지하 시인의 '오적'을 낭송한 모임에 대해 공안당국이 이적 단체로 규정한 대표적인 공안 조작 사건이다.[14]

전두환 집권 시기인 1985년에만 26건의 간첩 사건이 발표됐다. 그 해에는 김대중의 미국에서의 귀국, 12대 국회의원 총선거, 신민당 중심의 야당 통합 합의, 대우자동차 노조 파업, 전국학생총연합회 결성, 대학생들의 미국문화원 점거농성, 구로공단 동맹 파업 등 중요한 사건들이 많이 일어났다.[15] 간첩 조작 사건들은 대부분 잠 안 재우기, 구타, 협박 등의 고문과 장기간의 밀실 불법 구금에 의해 만들어졌다.

제5공화국 정권에서 일어난 전형적인 간첩 조작 사건은 '수지김 사건'이다. 이 사건은 외국에서 한 여성이 피살됐는데 그 범인이 남편이

---

[14] 군산 제일고등학교 국어 교사였던 이광웅 시인은 선배 신석정 시인 집에 있던 오장환 시집 『병든 서울』을 복사해 갖고 있었다. 그 시집을 동료 교사들과 나눠 보기 위해 다시 복사를 했고, 박정석 선생이 갖고 있던 복사본을 서울대학교에 다니던 한 제자가 빌려 가서 버스에 두고 내렸다. 그 시집을 버스 안내양이 발견해 경찰에 갖다 주자, 경찰은 전북대학교 철학과 한 교수에게 시집의 내용에 대해 감수를 구했다. 그 교수는 "인민의 이름으로 씩씩한 새 나라를 세우려 힘쓰는 이들" 등의 구절을 지적하며, 지식인 고정 간첩이 복사해 뿌린 것 같다고 진단했다. 경찰은 시집 겉장을 싼 종이가 인문계 고교 국어 시험 문제지라는 사실을 단서로 석 달 이상을 추적해 1982년 11월 2일 이광웅 시인을 비롯해 독서 모임을 꾸린 교사들을 비밀리에 연행했다. 대공 경찰은 43일 동안 교사들에게 북한의 연계 여부, 광주 항쟁의 중심인물인 윤한봉과의 관계를 추궁하며 통닭고문, 전기고문, 물고문 등으로 위협한 끝에 '오송회'라는 반국가 단체를 조작해 발표했다. 사실 오송회라는 이름도 당국에서 지었다. 1982년 4월 19일 교사 다섯 명이 학교 뒷산 소나무 아래서 4.19 혁명이 국가 기념일에서 제외된 것을 한탄하며 막걸리를 마시고 4.19와 5.18희생자를 위해 잠깐 묵념을 했다고 붙였단다(문정현, 「[길을찾아서] 성당에 건 '오송회는 조작' 펼침막 내걸었더니」, 《한겨레》 2010년 7월 7일 자 참조).

[15] 서준식, 「조작간첩사건과 일본사회」, 『분단조국의 희생양 조작간첩』(천주교 조작간첩 진상규명 대책위원회, 1994년), 6쪽.

라는 사실을 아는 정보기관이 진실을 은폐하고 피살자를 간첩이라는 누명을 씌워 친정 가족들의 인권을 유린하고 가정을 파괴한 반인륜적인 악질적 범죄이다.[16] 그 중앙에는 정보기관인 **국가안전기획부**(안기부)가 자리 잡고 있었다. 수지김 사건은 1987년 전두환 정권 말기 국민들의 저항에 직면하여 위기를 돌파하고자 공안 정국 조성에 혈안이 된 정보기관이 조직적으로 국가권력을 악용하여 억울한 피살자를 간첩으로 조작하고, 살인범을 반공투사로 만든 대표적 사건이었다.

군사독재 시대 간첩 조작 사건 등 국가폭력과 관련하여, 특히 사법부의 과거 청산 의지가 중요하다고 본다. 《국민일보》 취재팀이 **진실 · 화해를 위한 과거사 정리위원회**가 재심 및 국가 사과 권고 결정을 내린 사건 44건 가운데 재심 법원에서 무죄 확정 판결을 받은 1960~1980년대 시국 사건 17건을 전수조사 한 결과 판결문에 사과의 뜻을 담은 재심 재판부는 오송회 사건과 아람회 사건 단 두 건에 불과했다.[17] 《민족일

---

16 1986년 8월 윤태식과 수지김(본명 김옥분)은 홍콩에서 동거를 시작했고, 1987년 윤태식이 홍콩 아파트에서 수지김을 살해했다. 1월 4일 윤태식이 싱가포르에 도착하여 북한 대사관으로 월북을 시도했으나, 1월 8일 안기부는 여간첩 수지김이 북한 공작원에 의해 피살됐고 윤태식이 납치를 모면했다고 주장하도록 방콕에서 기자회견을 열었다. 이로서 간첩과 전혀 상관없는 사람이 억울한 죽음을 당했지만, 군사독재 정권의 야만성은 그 억울한 사자(死者)를 간첩으로 조작하여 정권 유지에 악용했다. 또한 수지김 가족들은 간첩의 가족이라고 낙인찍혀 형제자매들의 가정이 풍비박산 났다. 그러다가 2000년 1월 경찰이 수지김 사건을 내사하자, 국가정보원 김승일 대공국장이 당시 이무영 경찰청장을 방문하여 수사 중단을 요청했고, 경찰이 내사를 중단했다. 수지김 가족은 그해 3월 9일 살인 혐의로 윤태식을 서울중앙지방검찰청에 고소하는데, 검찰의 재수사 결정으로 2001년 10월 24일 검찰이 윤태식을 살인 혐의로 긴급체포했고, 12월 10일에는 이무영 · 김승일이 사건 은폐 의혹으로 구속됐다.

17 유죄판결을 받았던 과거 시국 사건의 재심을 맡아 무죄를 선고한 재판부는 사법

보》조용수 사장 사건 등 세 건은 재심 재판부가 과거 판결을 뒤집고 수십 년 만에 무죄를 선고하면서도 어떤 형태의 유감 표명이나 사과도 하지 않았다. 이수근 간첩 조작 사건 등 세 건에서는 재심 재판부가 원심 판결의 잘못을 인정했지만 사과로는 이어지지 않았다. 납북 어부 서창덕 간첩 조작 사건 등 여덟 건은 재판부가 구두로 유감을 표명했지만 판결문에는 반영되지 않았다. 한 건은 별도로 사과문이 게재됐다.[18]

군사독재 시대 간첩·용공 조작 사건은 사법개혁과 불가분의 관계에 있다. 사법개혁의 핵심은 독재 정권 아래서 저질러진 인권유린을 바로잡는 것이며, 국가폭력으로 인권유린을 뒷받침했던 사법부의 인적·물적 구조를 청산하는 것이다. 사법개혁을 말하면서 "과거 청산이 전부

피해자들에 대한 진심 어린 사과를 상당 부분 외면했지만 일부 판사들은 판결문에 직접 사과문을 넣었다. 2009년 5월 서울고등법원 형사3부 이성호 부장판사가 작성한 '아람회 사건' 판결문에서 그는 "법관으로 대표되는 사법부는 법치주의 이념을 구현하는 최후의 보루"라면서 "민주주의에 대한 소박한 신념을 가졌던 교사와 마을금고 직원 등 피고인들이 재판 과정에서 불법 구금과 고문으로 허위 자백을 강요당했다고 절규했는데도 당시 법관이 외면해 사법부 본연의 역할을 다하지 못했다"라고 고백했다. 이 부장판사는 "피고인 중 돌아가신 분은 하늘에서 편안하게 쉬고 나머지 피고인들은 여생이 평화롭고 행복하길 진심으로 바란다"라고 덧붙였다. 또한 광주고등법원 형사1부 이한주 부장판사가 2008년 11월 작성한 '오송회 사건' 판결문에도 진심 어린 사과의 뜻이 담겨 있다. 그는 "피고인이 협박과 고문에 못 이겨 허위 자백을 했다는 사실을 밝혀내려는 당시 재판부의 의지가 부족했던 점이 아쉽다"라며 "우리 재판부는 '그 누구도 그 무엇도 두려워 마라. 법대 위에서 법관은 오로지 헌법과 법률, 양심에 따라 정의를 실현하라'는 문구를 가슴에 묻게 됐다"라고 말했다. 또한 당사자에게 깊은 사과를 하고 싶다는 말도 덧붙였다(「[과거사 반성 없는 사법부] 인권에 눈감은 법 (상)] 눈에 띄는 재심 판결」,《국민일보》2010년 1월 14일 자 참조).

[18] 「권위주의 시대 '굽은 판결' 반성없는 사법부… 재심 무죄확정 17건 중 판결문 사과는 2건뿐」,《국민일보》2010년 1월 14일 자 참조.

는 아니다"라고 주장하는 사법부 구성원도 존재한다. 그러나 이는 사법개혁에 대한 몰이해이다. 그도 그럴 것이 현재 사법 관료 상층들은 대부분 박정희·전두환·노태우 밑에서 소위 출세한 사람들이다.[19] 다시 말해서 사법부의 구성원 중에는 법과대학 재학 시절과 사법시험 준비 과정에서 갈고닦은 법 지식과 법 기술을 (군사)독재 체제 유지에 유감없이 발휘하면서 승승장구해 온 인사들이 많이 있다. 군사독재 정권이 정권 위기 돌파용으로 조작한 간첩 사건의 인권유린에 눈감고 군사독재 정권이 주권자인 시민들에게 가한 국가폭력에 애써 고개 돌려 외면한 법조 인사들은 민주화가 이루어진 뒤에도 과거의 잘못을 반성하거나 유감을 표명하지 않았다. 그 대표적 사례가 '재일동포 유학생 간첩 사건'이다.

2011년 9월 23일 서울고등법원 형사8부는 현 국무총리가 배석판사로 판결을 내렸던 '재일동포 유학생 간첩 사건'[20]에 대한 재심에서 "긴급조치 9호는 기본적 인권을 최대한 보장하도록 한 유신헌법이나 현행 헌법에 비춰 볼 때 표현의 자유나 청원권을 제한해 위헌이므로,

---

19 그런 사람들이니 '성공한 쿠데타는 쿠데타가 아니다'라는 논리가 나오는 것이다.
20 1970년대 재일동포 출신으로 각각 서울대학교 법대, 한양대학교 의대로 모국 유학을 온 김정사 씨와 유성삼 씨가 전방 견학을 하면서 탐지한 국가 기밀을 북한의 지령을 받은 재일한국민주회복통일촉진국민회의(한민통) 소속 공작원에게 전달한 혐의 등으로 1977년 4월 국군보안사령부에 체포됐다. 김 씨와 유 씨는 간첩 혐의 등으로 그해 6월 기소돼 대법원에서 각각 징역 10년과 징역 3년 6개월이 확정됐으며 1979년 8월 형 집행정지로 석방될 때까지 복역했다. 당시 재판부는 김 씨가 접촉했다는 한민통을 반국가 단체로 낙인찍었고 이 판결에 따라 1980년 김대중 내란음모 사건 판결 때 고(故) 김대중 전대통령이 '한민통 결성을 준비하고 의장 활동을 했다'는 이유로 사형선고를 내렸다.

이들의 긴급조치 위반 혐의도 무죄"라고 판시했다. 재심 재판부는 "보안사에 의한 영장 없는 구속과 고문, 이후 계속된 위협으로 이뤄진 김정사 씨 등의 자백은 증거가 되지 못한다"라며 "김정사 씨가 일본에서 재일한국민주회복통일촉진국민회의(한민통) 대표를 만났을 때 그가 대표라는 사실을 알고 있었다고 볼 증거도 없다"라고 간첩 혐의를 무죄로 판단했다. 김정사 씨는 일간지와의 인터뷰에서 "법정에서도 고문 때문에 거짓 진술한 것이라고 했지만 들은 척도 하지 않았다"라고 회고했다.[21]

당시 군사독재 정권의 엄혹했던 시대 상황 아래서 배석판사로서는 어쩔 수 없다손 치더라도 필자는 시대가 바뀐 오늘에는 당시 '정의正義에 침묵' 했음을 솔직하게 인정하는 것이 법과대학 재학 시절 배운 법의 진리를 살리는 길이라고 본다.

지나온 역사의 사실이 이러한데도 사법개혁을 말하면서 "과거 청산이 전부는 아니다"라고 이야기 할 셈인가.[22] 어느 날 갑자기 간첩으로 조작되어 가정이 풍비박산나고, 친척과 동네 주민들로부터 백안시당한 수많은 피해자들의 그 원통한 한을 어떻게 할 것인가. 사법개혁의 출발

---

[21] "수사관도 들어와 있던 그 법정에서 용기를 내어 '고문을 받았다'고 호소했는데, 아무런 반응이 없었어요. 판사 셋이 눈빛 하나 변하지 않았습니다. 아직도 그 표정이 생생합니다. 그때 좌 배석판사가 지금의 김황식 국무총리입니다." 34년 만에 간첩이란 누명을 벗은 김정사 씨는, 23일 《한겨레》와의 통화에서 1977년 당시 1심 법정의 풍경을 이렇게 회고했다. 고문받았다는 사실보다도 자신들의 호소를 외면한 법관들에 대한 절망이 더 커 보였다. 김씨는 "판사들은 '어떻게 고문받았느냐'고 묻지도 않았습니다. 전 그때 쇼크(충격)받았습니다"라고 했다(「'77년 법정서 '고문당했다' 말했지만 '판사 김황식' 아무런 반응도 없었다」, 《한겨레》 2011년 9월 23일 자).

은 독재정권 아래서 저질러진 인권유린 사건에 대한 철저한 반성과 청산에 있다.

정보기관 등 억압기구와 관계기관 대책회의를 통한 사회통제 수법

　전두환 신군부는 자신들의 불법적 집권에 대항하는 시민들의 저항을 억누르기 위해 정보기관, 군, 경찰 등 각종 억압기구를 동원했다. 정보기관인 국가안전기획부(안기부)뿐만 아니라 군부대의 사찰·감찰 업무를 관장하던 국군보안사령부(보안사)까지 동원하여 민주 탄압에 이용했다. 보안사는 자신들의 집권에 장애가 되는 민주 인사들의 동태를 감시하고, 보안사 요원들을 대학가에 상주시켜 정보를 캐고 탄압을 가했다.

　신군부는 '중앙정보부'를 '국가안전기획부(안기부)'로 개편하고 권한 강화와 동시에 민주화운동 세력에 대한 사찰을 강화하여 신군부의

---

22 일제 패전 후 개혁을 지령하던 연합국 총사령부의 '인권지령'은 사상검찰의 가장 악랄한 인권침해인 예방구금에 대한 시정과 그 책임자에 대한 숙청은 빼먹고, 사상검찰은 슬그머니 보통 업무로 자취를 감춤으로써 과거의 일은 없었던 일로 덮어졌다. 그 이후 공직 추방 대상에서도 법조인은 제외되어 개혁의 바람을 비켜 갔고, 나중에 다시 냉전 기류를 타고 공안 검사로 다시 머리를 들게 됐던 것이다. 우리의 경우도 사법계는 검찰을 포함하여 독재 권력하의 사법살인 등 정치재판에 대해 반성한 적이 없다. 뿐만 아니라 오판, 엉터리 재판, 정치 탄압 재판이 여전히 되풀이되면서 개혁을 막아 오고 있다.

안전판 역할을 담당하게 했다.

　전두환 정권은 안기부와 보안사라는 강압적인 국가기구를 동원하여 정권 유지의 보호막으로 삼았다. 특히 안기부가 중심이 되어 활동한 '관계기관 대책회의'는 공작 정치와 민주화운동 탄압의 대표적인 산실이었다.

　'관계기관 대책회의'는 1979년 10.26 직후 전두환 보안사령관이 조직한 '합동수사본부'를 모체로 한다. 전두환은 10월 27일 '합동수사본부'를 발족시키고 자신이 본부장이 되었다. 합동수사본부장이 군을 비롯해 중앙정보부, 경찰, 검찰까지 통제할 수 있는 체계였다.

　군사독재 시절 이른바 시국 사건이 발생하면 관계기관 대책회의라는 것이 열렸다. 말이 좋아 대책회의지, 사실은 모든 수단과 방법을 동원해서라도 정권을 유지하려는 부도덕한 '밀실 흉계'에 지나지 않았다. 물론 당시 안기부와 검찰 등이 '공안 사령부'를 자임하곤 했다.[23]

　관계기관 대책회의는 정부조직법상 아무런 근거가 없는 회의체이다. 그러나 제5공화국, 제6공화국 정부는 관계기관 대책회의를 두고 어떤 정치적 문제가 발생했을 때 안기부를 비롯한 정보기관·치안기관들과 그 문제에 관련된 정부 부처 담당자들이 회합을 갖고 그 문제의 성격과 정부 당국의 대처 방안을 의논해 왔다. 즉 회의 소집 발의는 관련 부처(노사분규는 노동부, 학원 사태는 교육부 등)가 했지만 회의 소집권은 안기부장에게 있었다. 그러한 관계기관 대책회의는 문제의 수준이나 정치적

---

23 「[사설] 과거의 망령 되살리는 검찰의 '부적절한 수사'」, 《경향신문》 2007년 2월 22일 자 27면 참조.

의미에 따라 장관급과 차관급이 참석하는 고위 관계기관 대책회의, 국장급이나 실장급이 참여하는 실무 관계기관 대책회의 등으로 다양하게 구성됐다. 고위 관계기관 대책회의에는 안기부장과 청와대 수석비서관급이 참석하게 되어 있으나 주로 1차장과 비서관들이 대신 참석했다. 마찬가지로 실무 관계기관 대책회의에도 실세 기관인 청와대와 안기부는 한 단계 낮은 직급자들이 참여하곤 했다. 보안을 유지하기 위해 회의 장소는 주로 안기부 별관이나 호텔에 있는 안기부 안가安家를 이용했다.[24]

'관계기관 대책회의' 는 안기부가 주도해 왔던 정권 내의 핵심적 권력통제기구로서 부천경찰서 성고문 사건(1986년), 박종철 고문치사 사건(1987년) 등 여러 사건의 처리 과정에서 주도적 역할을 했다. 전두환 정권은 '관계기관 대책회의'를 통해 정치·경제·사회 등 사회 모든 분야를 통제하여 정권을 유지했다.[25]

---

[24] 김당, 「[추적취재] '정형근 의혹'의 증언자들」,《신동아》2000년 1월호 참조.
[25] 5공 안기부는 당시 경찰의 물리력으로 정권을 지탱했고 검찰은 그 물리력을 합법화하는 법무참모쯤으로 간주했다. 당시 경찰총수인 강민창 치안본부장(현 경찰청장)은 전두환 대통령의 절대적 신임을 받았고, 전임 치안본부장 이해구 씨는 국내 보안 정보를 총괄하는 안기부 1차장으로 앉아 있었다. 당시는 안기부의 비호를 받은 경찰이 검찰을 압도하는 상황이었다. 6공이 검찰국가였다면 5공은 경찰국가였다(김당, 위의 글 참조).

국민투표를 악용한
쿠데타 정당화 수법

정치권력의 정통성과 정당성 문제

어떤 정치권력도 최소한 피치자의 동의 또는 합의가 없으면 그 존립은 항상 위태롭다. 그렇기 때문에 우선 정권의 정통성을 따지게 된다. 군주제에서 정통성은 권력의 승계자인 군주가 정당한 계통을 이어받은 자인지의 여부가 관건이지만, 공화제에서는 국민의 합의 또는 동의에 따른 계통을 이어받은 것인지의 여부가 관건이다. 정치권력은 법통을 이어받지 않은 새 정권이라고 해도 국민의 동의나 합의를 통해 그 정당성을 합법화하기 때문에 문제가 된다. 따라서 그것은 민의民意에서 연유하고 그로부터 확인되며, 그러한 방식과 절차 가운데 하나가 국민투표이다.

물론 18세기 이래 시민적 민주주의 국가는 직접민주제적인 국민투표나 국민발안, 국민소환 및 국민표결이라는 방식을 기피해 왔다. 적어도 시민적 민주제가 의회 중심으로 이루어져 올 수 있었던 국가들에서는 그러했다. 미국은 연방헌법 제정 200주년을 기념하며 미합중국 헌법이 근대 정치제도의 최고 걸작이라고 찬양해 오고 있지만, 사정을 좀 더 정확하게 따져 보면 반드시 그러한 것만은 아니다. 미국의 역사학회 회장을 역임하고 정치 저술에서 주목할 만한 업적을 남긴 찰스 비어드Charles A. Beard가 쓴 저서 『미국 헌법의 경제적 해석An Economic Interpretation of the Constitution of the United States』(1913)을 보면 1787년 필라델피아에서 제정된 미합중국 헌법은 공개된 민의를 밑으로부터 수렴하는 공개회의에서 제정된 것이 아니라, 비밀회의에서 제정됐다. 뿐만 아니라 그 연방 제도를 만든 주요한 동기가 지주나 노예 소유자, 상공업자 등 보수 세력이 각 주의 급진적 민주화운동에서 하층 시민이나 농민들의 과격한 주장과 그로 말미암은 기득권과 재산권 침해를 방지하고자 하는 데 목적이 있었다. 이 점을 아주 솔직하게 말한 지도자는 독립전쟁 당시 조지 워싱턴 정부의 각료이자 그의 부관이었던, 알렉산더 해밀턴Alexander Hamilton이다. 그는 연방헌법의 비준을 위해 쓴 팸플릿 「연방주의자」에서 재산을 소유한 계층과 그렇지 아니한 계층의 사회적 이해의 갈등을 지적하고 전자가 나라 운영에서 주도적인 위치에 설 수밖에 없다는 점을 분명히 밝히고 있다.

그러면 직접민주제적인 국민투표 등의 민의 확인 방식은 언제 어떻게 왜 등장했는지 살펴보자. 이론적으로는 직접민주제가 민주제로서는 천만번 타당하다. 그런데도 고대 그리스에서부터 소크라테스나 플라톤은 민주제 정치가 우민정치愚民政治가 되는 것을 혐오했고, 근세에도 루소가 인민총회에 의한 직접민주제를 제기했지만, 그의 제자들까지 프랑스혁명에서는 능동적 시민과 수동적 시민을 구분하고 대의제도를 따랐다. 당시의 정치 실정이나 사회 상태로 보면 이를 모두 잘못이라 할 수는 없지만, 미합중국 헌법의 예에서 보듯이 급진적 민주화에 대해서는 거부 반응이 나타났다. 국민투표제도의 문제점은 나폴레옹 3세의 1851년 군사 쿠데타에서 표출된다. 나폴레옹 3세가 자신이 저지른 군사 쿠데타를 국민투표로 정당화해서 그 정권의 합법성을 위장한 것이다. 그러한 민의의 모독과 악용 사례는 제2차 세계대전 이후 비서구 세계의 신생 독립국가에서도 되풀이된다.

국민이 자기 의사에 따라 정치권력을 창출해서 그것을 바탕으로 정당성을 부여하고 나아가서 끊임없이 국민 의사, 즉 민의를 확인하는 정치를 한다는 것은 민주주의에서 가장 철저한 논리적인 관철이라 하겠다. 이 점은 어느 누구도 부정할 수 없는 선명한 논리인데도 현실이 그렇지 못하다는 데서 국민투표와 민의라고 하는 정치적 괴리가 존재한다.

우리 헌정사에서 국민투표와 민의

다 알고 있듯이 우리 헌정사에서 자신의 정치적 반대파를 민의라는 이름으로 탄압해서 정치적 야심을 이루어 나간 사람은 이승만이다. 이승만은 1952년 한국전쟁 중에 국회에서 대통령으로 선임될 승산이 없게 되자 민의를 내세워 국회를 해산할 것이라 위협하고 국회의원들을 협박하여 이른바 **발췌개헌안**을 강행 통과시켜서 재집권한다. 이에 그치지 않고 대통령의 중임 제한 규정으로 영구 집권의 길이 막혔을 때에도 이를 강행 돌파하려고 헌법안을 제안하는데, 이승만의 졸개들이 꾸민 그 개헌안에서도 정당화의 근거를 민의에 연관시키고자 **영토와 주권의 제약에 대한 국민투표제**를 도입한다. 1954년 제2차 개정 헌법(사사오입 개헌안)의 제7조의 2가 바로 그것이다. 이 조항을 만들어 놓고는 그에 따른 입법 조치를 아무것도 하지 않고 그에 대한 관심조차 보이지 않은 점으로 봐서 그 의도가 어디에 있었는지는 불 보듯 명백했다.

그런데 우리의 헌정사에서 국민투표는 5.16 군사 정변 이후 군사정권의 합법성을 기정사실화하기 위한 목적과 수단으로써 등장했다. 당시에 군사 지배는 기존 헌법을 유린하고 국회를 해산했으므로 기존 헌법의 절차에 따른 개헌을 할 수 없었다. 그러므로 그 정권의 합법성은 결여되어 있었고, 국민투표를 통한 정당화로 합법성을 갖추는 길밖에 없었다.

이에 대해 그 당시 《동아일보》 사설은 「국민투표는 결코 만능이 아니다」라는 제목으로 후진 신생국들의 쿠데타가 국민투표를 통해 합법화되는 것을 꼬집으면서 일침을 가했으니 그 글이 탄압을 받는 것은 어쩔 수 없는 일이었다. 이 사설에서 군사 통치 집단을 가장 격노하게 하고 당황하게 한 부분은 "…… 문제가 되는 것은, 개정이든 제정이든 간에 국민투표를 통하여 국민이 승인하기만 하면 그것으로 민주 헌법이 되는 것이며, 중동·동남아·중남미의 여러 나라에서도 모두 이러한 식으로 혁명의 사후 처리를 하였으니 우리라고 해서 그렇게 해서 아니 되는 이유가 없지 않은가라는 생각이다"라는 대목이었다. 이 논리로 하면 당시의 군정은 합법성은 갖출 수가 없었다. 왜냐하면 그것은 **혁명**이 아니라 **군사 쿠데타**였기 때문이다.

그럼에도 국민의 동의나 합의라는 점에서 쿠데타는 국민투표로 그 합법성을 치장했고 제6공화국 헌법에서는 대통령에 의한 주요 국책의 국민투표 회부제도까지 설치되어 존속되어 오고 있다. 그렇다고 국민투표가 개헌이든 다른 사안에 대해서든 민주주의의 논리로 봐서 잘못된 것이라고는 할 수 없다. 문제는 역사에서 이 제도가 양날의 칼처럼 선善도 될 수 있고 악惡도 될 수 있는데 그 위험도가 특히 심하다는 점이다.

민주주의 본래 제도로서 국민투표의 조건

루소의 예를 다시 들지 않더라도 참으로 나라의 주인이 국민이라고 하면 좁은 뜻의 국민투표만이 아니라 국민표결, 국민발안 및 국민소환의 제도가 적극적으로 활용돼야 한다. 지금처럼 통신과 교통 수단이 발달하고 교육이 보급되고 대중의 의식이 정치적으로 고양될 수 있는 여건을 갖춘 상황에서는 더욱 그러하다. 우리의 개헌 절차인 국민투표제도 마찬가지다. 제도 자체가 참으로 민주적 기능을 하는지의 여부는 우리가 스스로 이루어 나가야 하는 문제이다. 아무리 헌법에 나라의 주인이 국민이고, 주권이 국민에게 있고, 모든 권력이 국민으로부터 나온다고 정하고 있을지라도 국민 스스로가 그러한 주권자 구실을 하지 못하면 이는 결국 권력자의 통치를 합법화하는 조문밖에 되지 않는다.

하나의 예를 들어 보자. 1957년의 드골헌법은 글자 그대로 샤를 드골 Charles De Gaulle의 정치적 주도권을 뒷받침하는 법제로서 마련됐고, 사실 드골 집권 기간이 그러한 사실을 실증해 주기도 했다. 프랑스 20세기 후반 보나파르티슴Bonapartism의 아류라고 할까. 국민들이 자신에게 갖는 기대와 신뢰를 자만하던 드골이 국민투표제도를 십분 활용하려고 한 것은 당연했는지도 모른다. 그러나 1968년 드골이 헌법 개정을 통하지 않고 선거에 부친 지방자치기관의 권한을 축소하려는 내용의 법률안이 국민투표에서 부결된다. 물론 드골은 그로 말미암아 퇴진해야 했다. 여기서 프랑스 국민은 1852년 나폴레옹 3세의 **국민투표식 합법화**라는 하향식 정치적 변칙의 반복이라는 악몽을 떨쳐 버리는 계기를 마련했다. 국민투표제를 참으로 민주제도의 원점으로 되돌려 놓은 것이다.

프랑스 드골의 실각을 보면 알 수 있듯이 국민투표제도는 그 자체는 민주제도이고 논리상 가장 철두철미한 제도이다. 이를 국민이 어떻게 바른 취지대로 살려 나가는가 하는 것이 문제이다. 여기서 국민투표제도가 민주제도에서 궤도 일탈을 하지 않도록 하는 것이 우리의 임무이다. 또한 이 점은 민의라는 이름의 반민의 혹은 가짜 민의를 어떻게 막는가 하는 문제이기도 하다. 결국은 국민의 정치의식 수준과 그에 따른 정치 역량을 말할 수밖에 없다. 그러한 지적은 아주 상식적이고 원론적이다. 그런데 여기서 우리가 지나쳐 버리면 안 될 것은 표현의 자유와 정당 등 사회단체의 결성과 활동의 자유를 전제로 하지 않고는 참된 민의가 표출되기는 어렵다는 점이다. 특히 지금처럼 상업화되고 기성 체제에 깊숙이 이해관계가 얽혀 있는 언론 상황이나 결사의 자유가 정치적으로 통제당해 오고 있는 상황에서는 우리가 상당한 고난을 각오해야만 한다.

물론 위에 따른 법적 조건만으로도 우리에게는 직접민주제로서 **국민투표제도**가 의젓하게 존재하고, 그것은 형식적으로 국정의 최고 결단자로서 국민의 지위가 일견 갖추어진 듯이 보인다. 그런데 우리 제도는 1946년 맥아더 점령군하에서 마련된, 일본 법제에도 썩 미치지 못하는 절름발이 **직접민주제로서** 국민투표만이 우뚝 서 있는 격이 되었다는 사실도 냉정하게 살펴봐야 한다. 일본의 1946년 헌법은 개헌에 대한 국민투표를 비롯해서 가장 보수적인 폐쇄 사회인 사법부에 대한 민의 반영으로서 최고재판소 재판관의 국민심사제도를 정하고 있다. 물론 이 제도의 실효성은 의심스럽고 그저 상징성을 띠고 있지만, 그 상징성만으로도 중요하다.

직접민주제라고 하면 밑으로부터의 민의 수렴에 그 핵심이 있다. 미국 유학을 다녀온 사람은 미국 민주주의의 바탕으로 **타운 미팅**(동네 주민의 집회)을 많이 인용하고 있고 사실이 그렇기도 하다. 그러나 우리는 1961년 이래 지방자치제나 교육자치제가 흔적도 없이 사라지고 말았다. 그러면서도 민주라고 하는 말은 무엇인가? 일본 헌법과 지방자치법은 자치단체의 주민투표제나 주민의 조례 제정 및 개폐, 사무감사, 의회해산 및 해직요구권(소환권) 등을 정하고 있다. 밑으로부터 민의를 수렴하는 것이 민주제의 순리라고 한다면 그러한 내실을 갖춘 직접민주제가 모색되고 제도화되는 데 인색하지 말아야 한다. 특히 국민을 깔보지 않는다면 지방의 기본 행정단위에서 주민의 의사가 자연스럽게 발양될 수 있는 제도를 마련하는 것이 우선이다.

이승만 시대의 가짜 민의를 뛰어넘고
군사정부의 관제 국민투표를 벗어나야 한다

권력의 행사는 어느 누가 하든 나라 안에서나 나라 밖에서나 그 정당성의 확인이 필수적이다. 나라 안에서는 국민의 동의가 따라야 하고 나라 밖에서는 전쟁조차 정의와 평화의 기준에 입각해 그것이 공인되어야 한다. 민주주의를 정치제도의 기본으로 한다는 지금의 상황에서는 민의가 선거나 국민투표를 통해 확인되어야 한다는 것이 지상명령처럼 되어 있다. 여기서 웃지 못할 희극이 벌어지는 것은, 강제로 동원된 투표를 통한 99퍼센트의 지지 혹은 압도적 지지도에서 나타난다. 공산국가처럼 '흑백함'의 투표는 아니더라도 얼마나 많이 관에 의해 동원된 '국민투표 의식'이나 '박수와 환호의 정치극'이 벌어져 오고 있는가?

투표는 찬반을 전제로 하고 그것은 충분한 의사가 표출되는 과정에서 이루어져야 함이 기본이다. 아무리 좋다고 하더라도 그 내용에 대한 의문의 제기와 논의·논쟁을 생략한 과정은 참된 민의 수렴이 아니다. 이승만 시대에는 "이승만 정권은 반공·애국 정부이다. 따라서 이를 반대하는 사람은 용공이고 매국 이적 행위자이다. 따라서 그러한 자는 이북으로 가서 살라"라고 하는 강압적 맹종 논리를 덮어 씌웠다. 군사 정부하에서도 관제 투표의 논리는 크게 다르지 않았다. 투표에 있어서는 지지할 자유도 있고, 반대할 자유도 있으며, 투표할 자유도 있지만, 때로는 기권할 자유까지도 있다. 동네 마이크를 통해 "아무개 어머니, 빨리 투표장에 나오시오. 시간이 없소" 하는 식의 희극과 비극 이중주의 관제 동원 방식은 우리 스스로가 없애 버려야 한다.

우리가 개헌에 대해 국민투표를 해 오면서도 몇 가지 꼭 생각하고 실천해야 할 문제들이 있다.

먼저 투표는 어째서 하는가. 물론 이는 기존 헌법의 미흡이나 왜곡을 바로잡기 위함이고 우리는 민정民政의 전제 조건으로 헌법을 확정해야 한다는 점을 스스로가 다짐해야 한다.

다음으로 어느 제도이건 완전하거나 완벽한 것은 아니고 특히 어떠한 개헌안도 상당한 문제를 안고 있다. 따라서 앞으로 당장 벌어지게 될 문제들과 개정된 헌법을 발판으로 해서 꼭 이루어 나가야 할 점이 무엇인지 따져 봐야 하며 이에 따라 헌법 투쟁의 고삐를 늦추지 말아야 한다. 투표가 끝나면 그것으로 할 일이 끝났다고 하는 것보다 어리석고 위험한 일은 없다. 바로 그러한 대중의 방관자적 타성이나 책임 의식의 불철저성을 이용해 온 사람들이나 세력이 누구인지 인식하지 못하면 민주제도의 바퀴는 헛돌게 마련이다.

우리의 민주주의는 세 가지 허점이 있어 왔다. ① 하나는 해방 이래

교실(강단) 민주주의로 그치고 현장 민주주의는 이루지 못했다는 것이며, ② 다음에는 민주주의가 대의를 자신의 정치적 주장을 위한 명분과 간판으로 적극 내세우면서도 실상은 자신의 당파나 조직의 민주화는커녕 자기 스스로도 민주를 실천하지 않았다는 것이고, ③ 끝으로 흔히 자유민주주의라고 하지만 그것이 실제로 그 이념의 당위와 실체로서 우리에게서 얼마나 실현되고 있으며 그 실현의 미흡이 이념과 어떻게 괴리되고 있는가를 우리 정치인이나 국민이 솔직하게 따질 용기가 없었고 그러한 자유의 조건이 갖추어지지 못했다는 점이다. 민주제도가 민의를 수렴하는 제도 장치라고 할 때 그것은 기술적으로나 정치 실천 면에서나 가장 어려운 제도이다. 우리에게는 정치에 대한 현실 인식의 빈곤이 아직도 고질병처럼 남아 있다. 이 점을 이겨 나가는 것이 참으로 민의가 제도를 통해 발양되는 최소한의 조건이 된다고 하겠다.

매카시즘을 통한 지배 수법

매카시즘McCarthyism의 발원을 보면, 1950년 미국 공화당 상원의원 조지프 매카시Joseph McCarthy가 국무부 안에 205명의 공산주의자가 침투했다는 근거 없는 발언을 하고 미국 언론들은 이를 '마녀사냥' 식으로 대서특필함으로써 정치계를 비롯한 미국 사회 전체를 혼란의 도가니로 소용돌이치게 한 사건에서 비롯된다. 이 매카시즘으로 말미암아 일부 극우 부류가 못마땅해 하는 인사나 당파를 '공산주의자' 또는

'공산주의 동조자'라는 낙인을 찍어서 매도하고 박해한 반민주적·반인권적 행위가 광풍처럼 휩쓸었다.

미국의 퓰리처상을 수상한 저널리스트 테드 모건Ted Morgan은 『빨갱이: 20세기 미국의 매카시즘Reds: McCarthyism in Twentieth-Century America』(2003)에서 미국 매카시즘의 역사를 서술해 그 실체와 문제점을 밝히고 있다.

그는 서문에서 매카시즘을 다음과 같이 두 가지 의미로 정의한다. ① 적절한 증거도 없이 체제에 대한 불충이나 전복 혐의로 공개 규탄을 하는 정치적 행위, ② 반대자·이단자를 억압하기 위해 공적인 조사 절차를 이상한 방법으로 이용하는 것이다.

구체적 사례를 들면, 매카시 상원의원이 주도하는 반미행동조사위원회의 조사 심문 과정에서 빨갱이 혐의를 들씌워서 사회적으로 매장하고, 공직에서 추방하며, 심문에 답변을 거부하면 의회 모욕으로 처벌하고, 심문에 답변할지라도 위증죄로 소추하여 궁지에 몰아넣는 수법이다. 이 청문 절차에 소환당해서 직업을 잃거나 사회적으로 매장당한 희생자들이 무수히 많다.

미국의 20세기 마녀사냥인 매카시즘이 정치문화계에 걸쳐 많은 사람에게 엄청난 상처를 입혔다. 다만 그 광증의 절정은 1950년부터 1954년까지이고, 그 후 매카시의 몰락과 함께 미국 사회는 이성을 되찾았다. 각종 국가 보안이라는 명분의 특별 입법과 충성 심사라는 사상 심문처럼 자유민주주의를 희롱하는 변칙이 판을 치기도 했지만, 극렬한 광증이 가라앉은 후로는 매카시즘을 하나의 탈선으로 공인했다.

미국의 일본 점령군인 맥아더 사령부(연합군 사령부)는 왜 치안유지법 체제를 일제 패망 이후 인권지령을 통해 즉시 폐기하도록 했는가? 이 점을 냉철하게 살펴봐야 한다. 우선 서구의 자유민주주의 체제는 일찍이 사상 · 양심 · 신조 · 신앙 · 세계관의 고백을 단죄하는 야만적인 제도를 폐지함으로써 성립 가능하게 된 제도이다. 중세의 이단 심문과 마녀재판을 폐기 청산함으로써 근대 세계가 개시된 이유를 알면 된다.

17세기 청교도혁명 당시 존 밀턴John Milton은 『아레오파지티카Areo-pagitica』(1644)에서 권력이 사상 · 양심 · 신조를 심사하거나 처벌할 수 없다고 주장했다. 밀턴은 의견이나 정책이 타당한지의 여부는 자유로운 논쟁을 통해 심판하도록 해야 하고, '관료가 학설을 심판할 수는 없으며', '신앙은 개인의 선택에 따른 것이어야 한다'는 기본 원칙에 입각한 근대 자유국가의 기본 원리를 제시했다.

이를 후세의 학자는 '진리생존설' 또는 '사상의 자유시장론'이라고 부른다. 카를 슈미트Carl Schmitt는 『헌법론Verfassungslehre』(1928)에서 권력이 사상과 가치관의 심판자로 자임할 수 없고 각자의 자유 판단에 맡겨지는 사항으로 권력의 한계를 명시하여 이를 '중성국가中性國家의 원리'라고 했다. 이 초보적인 원리를 깡그리 유린 말살하는 것이 치안유지법 체제의 사상범 처벌과 전향제도였다. 그 때문에 치안유지법의 야만성과 전근대성을 지탄하는 것이다.

그런데 우리나라는 해방 후 일제 치안유지법 체제를 국가보안법으로 그대로 계승하고, 그 일제 체제하의 고등경찰 관리나 끄나풀을 그대로 간부 요원으로 영입해서 매카시즘의 토대를 마련한 점에 비극이 있다.

어떤 이는 당시에 빨갱이를 막는 대책으로는 그것만이 유일한 대안이었다고 변명한다. 더 나아가서 친일파를 비판하는 세력은 결국 빨갱이라는 논리로 비약한다. 지금 친일 독재를 비호하는 수구 기득권 부류와 일본 극우는 한국의 개혁을 용공, 좌경, 친북, 빨갱이로 몰아가고 있다.

어느 사회에나 빈부 격차와 불평등은 있다. 그러나 우리는 사회적 정의와 형평이 관철될 수 있다는 희망을 주는 제도가 필요하다는 상식을 갖고 있다. 그 길을 막아 놓고 억지 논리로 파 놓은 함정에 빨갱이라고 몰아넣어 몰살하는 짓 자체가 우리 사회의 반민주성을 드러내는 셈이다.[26]

한국 사회에서 매카시즘은 어떠한 모습으로 존재해 오는가. 한국 사회에서 매카시즘의 뿌리는 일제강점기 친일파의 생존술에서 찾을 수 있다.[27] 1948년 정부 수립 이후 이승만 정권과 친일 세력들은 자신들의 생존을 위해 반민족행위자처벌법의 법제화를 주장하고, 반민족행위특별조사위원회(반민특위) 활동에 적극적이던 노일환, 김약수 등의 국회의원을 공산당의 주구走狗라고 몰아치고 '국회 프락치 사건'을 조작해 구속하는 매카시즘 수법을 동원하여 민족 · 민주 세력들을 제거했다.

이승만은 강력한 정치적 라이벌이었던 조봉암을 제거하고자 매카시

---

26 한상범, 『박정희와 친일파의 유령들』(삼인, 2006), 141쪽.

27 한국판 현대 마녀사냥의 역사는 강준만과 김환표가 쓴 『희생양과 죄의식: 대한민국 반공의 역사』(개마고원, 2004)에 잘 나와 있다. 강준만은 책 맺음말에서 "미국은 해방 정국에서부터 반공을 생존의 조건으로 만들게끔 하는 데 결정적인 영향을 미친 장본인이었다"라고 말한다. 사실 친일파는 민족 반역의 죄에 대한 면죄부를 매카시즘으로부터 얻게 됐다. 그것이 이승만 정권 기반의 일부가 됐다. 그 후 박정희는 스스로가 남로당 비밀 간부의 전력이 있으면서도 매카시즘에서 활로를 찾았다. 강준만은 "박정희는 인권과 민주를 요구하는 국민들을 북한 공산당의 사주를 받은 세력으로 몰아갔다. 이런 매카시즘의 '공포정치'는 전두환 정권에까지 계승됐다"라고 지적한다.

즘 수법을 동원하여 조봉암과 진보당 간부들에게 간첩 혐의를 들씌우고, 진보당의 평화통일 주장을 문제 삼아 그들을 구속하고 진보당 등록을 취소했다. 매카시즘의 광풍은 이것으로 그치지 않았다. '진보당 사건'의 1심 재판장인 유병진 판사가 간첩 혐의는 무죄로 선고하고, 조봉암 등에게는 징역 5년을 선고하자, 판결 후 법원 청사에 반공 청년을 자처하는 수백 명의 젊은이들이 난입하여 법정을 난장판으로 만들면서 "친공판사 유병진을 타도하라" 하는 등의 구호를 외쳤다. 자유당은 친공판사규탄대책위원회를 만들어 깡패와 검찰을 후원하는 등 자신들의 입맛에 맞지 않는 판결을 내리면 용공판사로 공격하는 매카시즘의 불장난을 조장했다.

5.16 쿠데타로 집권한 박정희 정권은 혁명(?) 공약으로 "반공을 국시國是의 제1의"로 내세웠다. 그러는 와중에 4.19 직후 혁신계의 논리를 대변하던 대표적 신문인 《민족일보》 조용수 사장은 신문사 설립 당시부터 서북청년단 출신 보수 정치인으로부터 재일본조선인총연합회(조총련)와 연계됐다는 근거 없는 의심을 받았고 그러한 의심으로 5.16 쿠데타 세력에 의한 매카시즘의 희생양이 됐다. 또한 한국 매카시즘의 역사는 수십만 명을 집단 학살한 1950년 **국민보도연맹원** 사건에서 잘 볼 수 있다. 이 사건에 대해서는 아직도 정확한 실태 조사가 이루어지지 못했다. 1960년 4.19 혁명 후 피살자 유가족회가 국회에 진정해서 조사에 착수했던 적도 있지만, 1961년 쿠데타 후 피살자 유족들은 다시 빨갱이 용공분자로 몰렸다. 그 유족회 대표는 사형선고까지 받고 징역살이를 했다. 당시에 세웠던 피살자 위령비도 빨갱이 찬양의 상징물이라고 해서 부숴 버렸다.[28]

10.26 이후 전두환 신군부는 자신들의 집권을 용이하게 하려고 '김대중 내란음모 사건'을 날조했고, 88올림픽을 앞두고는 국회에서 "대한민국의 국시가 반공이 아니라 통일"이라고 발언했던 유성환 의원을 구속하는 등 매카시즘의 선풍을 불러일으켰다.

1987년 6.10 시민 항쟁 이후에도 매카시즘은 여전히 질긴 생명력을 이어 가며 우리 사회에 똬리를 틀었다. 1989년 문익환 목사 방북 사건 등으로 시작된 공안 한파와 1994년 김일성 사망을 계기로 빚어진 조문 파동, 1998년 수구 언론사가 대통령자문정책기획위원장이던 최장집 교수의 논문에 시비를 건 시대착오적인 사상 검증으로 냉전 유령을 되살리려는 매카시즘은 칼춤을 추며 계속 이어져 왔다.

미국에서의 매카시즘은 1950년대 초 일회성 광풍으로 끝났지만, 한국 사회에서의 매카시즘은 이승만 정권에서 현재까지 남북 분단과 대결이라는 특수 상황을 이용하여 민주적 정당성이 결여된 쿠데타 세력들의 정권 장악과 군사독재 정권의 집권 연장을 위한 선거를 앞두거나,

---

28 박정희가 집권한 18년과 신군부가 집권한 기간 동안 매카시즘의 칼바람에 목숨을 잃은 사람과 요행히 살아남았어도 고문과 투옥으로 불구나 폐인이 되고 가족 친지가 박살 난 피해자들의 한 맺힌 비극은 아직도 계속되고 있다. 그런데도 박정희식 매카시즘의 칼바람 덕분에 출세하고 좋은 시절을 누렸던 무리는 아직도 이승만과 박정희 미화에 돈과 노력을 쏟아붓고 있다. 살아남기 위한 전략과 전술인 것이다. 그중에서도 박정희 우상화와 신격화는 광증 발작의 단계를 넘어선다. 요즘에는 박정희 시절에 용케 살아남아서 민주 인사로 행세하는 사람까지도 어느덧 과거를 잊고 박정희 우상화에 취해 헛소리를 지껄인다. 자기 말에 책임을 져야 할 사람이 헛소리하는 것은 꼴불견 정도가 아니라 사회를 해친다는 점에서 심각한 문제이다. 아무리 할 말이 없어도 매카시즘을 미화하거나 매카시즘으로 기생하는 정치권력을 유지한 이를 미화하는 것은 용서받지 못할 일이다.

정권 위기를 돌파하기 위한 국면 전환이 필요하거나, 수구 기득권 세력의 입지가 위태로워질 때마다 주기적이며 지속적으로 악용되어 왔다. 또한 1998년 김대중 정권을 기점으로, 공안기관을 중심으로 한 권력에 의한 매카시즘에서 '안보상업주의'와 야합한 일부 언론 등 사회 세력에 의한 매카시즘으로 전환되어 이어져 오고 있다.

한국 사회 매카시즘의 정치적 역기능을 간략하게 정리하여 청산해야 할 과제를 알아 보자. ① 한국 매카시즘은 일제 치안유지법 체제의 계승과 그것을 운영하던 친일파(경찰, 헌병, 밀정과 보조원 등)의 등용과 친일 사법 관료를 통해 뿌리를 내렸다. ② 특히 고문과 가혹행위 등 반인륜적 악행을 이어 온 공안기관의 친일파는 반공을 명분으로 한 정권의 주구로 충성을 다함으로써 면죄부를 얻고 출세의 활로를 텄다. ③ 매카시즘의 제도 기반은 국가보안법과 국가 안보라는 명분을 내세워 위법·탈법을 뛰어넘어 무법적 형태를 일상화해 옴으로써 자유민주주의의 본질적 가치인 인간 존엄과 생명 존중을 철저히 말살시켰다. 온 국민이 공포와 불안 속에서 살았음은 물론이다.

한국의 매카시즘은 정치문화 전반을 오염시켜 사회를 감옥으로 변질시켰다. 그것은 다른 어느 나라보다 추하고 잔혹한 것이었다. 매카시즘의 극복을 통한 개혁 없이는 인권과 민주주의가 존재할 근거를 찾을 수 없다. 이 점이 독재 정권의 지배 법리와 지배 체제를 청산하는 문제의 핵심이다.

여기서 우리가 주목해야 할 것은 과거와 사회 분위기가 달라졌다는 점이다. 국민은 매카시즘적 용공 낙인 소동에 겁내거나 피하지 않으며 또 예전처럼 무조건 속지도 않는다. 누가 왜 그런 짓을 하는지 냉정하

게 바라보는 것이다. 매카시즘이라는 우민 정책은 결코 자유민주주의
가 아니다. 국가권력의 용공몰이가 오히려 민주주의를 가장 훼손하는
주범임을 자백하고 있는 추태이다.

강제징집과 녹화사업을 통한 지배 수법

대학가는 박정희 독재 정권이나 전두환 신군부에 대한 가장 강력한
저항의 근거지였으며, 경찰의 대학가 상주와 감시 아래서도 독재 정권
에 대한 학생 저항운동은 꾸준히 전개됐다. 군사독재 정권들은 대학가
의 학생운동에 대한 탄압 수법으로 경찰을 학원에 상주시키거나 강제
징집 등의 탈법적인 방법을 동원했다.

강제징집이란 시위 현장에서 체포된 시위 단순 가담자, 뚜렷한 혐의
사실도 없이 문제 학생으로 지목당한 학생, 노동자들에게 배움의 기회
를 주려고 야학 활동에 참여했던 학생들이 당시 병역법에 규정되어 있
던 절차(병역법 시행령 제19조에 규정된 신체검사 통지서의 20일 전 송달 및 입
영 영장의 30일 전 송달)를 무시당한 채 경찰서에서 곧바로 군부대로 끌려
가는 것을 의미한다.[29] 강제징집의 정책적 연원은 1971년 10월경 교련
반대 시위 등 권위주의 통치에 반대하는 학원 시위에 대해 박정희 정권

---

29 『의문사 진상규명을 위한 학술회의 자료집』(민주화를 위한 변호사 모임,
1999), 278쪽.

이 소요에 가담한 학생들을 사회에서 격리하려는 목적으로 실시한 조치에 있는데, '계엄사(육군본부)' 자료에 의하면 계엄사령부 자문기구 '연구위원회'에서는 문교부·내무부·중앙정보부·국방부에서 학원 문제에 대한 강경 조치로 조기 입영제를 실시하고 있었음을 적시했다.

전두환 정권의 강압 정책에도 불구하고 대학가의 반독재 민주화운동은 계속됐다. 광주 민중항쟁을 계기로 미국의 실체를 인식하게 된 대학가는 1982년 부산 미문화원 방화 사건과 1985년 서울 미문화원 점거농성을 계기로 반미운동을 전개했다.

1983년 신군부의 유화정책 기조로 문교부가 1983년 12월 21일 학원자율화조치學園自律化措置를 단행했다. 학원자율화조치의 골자는 1980년 5.17 이후 학원 사태와 관련하여 제적된 전국 65개 대학 1363명에게 1984년 신학기부터 복학을 허용하고, 신군부 출범 후 처벌 위주의 학원 대책을 선도 위주의 정책으로 전환하는 것을 그 내용으로 하고 있다. 전두환 정권의 학원자율화조치로 제적생 1363명 가운데 복학을 희망한 727명이 대학으로 돌아왔다. 제적생들의 복학은 대학가 학생운동의 기폭제로서 학생운동을 활성화하는 계기가 됐다.

1984년 3월에는 대학별로 '학원자율화추진위원회' 및 '학원민주화추진위원회'가 조직되어 대학가 학생운동 탄압의 수단이었던 **지도휴학제와 강제징집 철폐**, 군복무 중 사망한 학우의 사망 원인 규명, 학원자주화추진위원회(학자추) 또는 총학생회 공식 인정, 해직 교수 원적 대학 복직, 학원 사찰 중지, 학도호국단 해체, 언론기본법 철폐, 노조 탄압 중지, 집회 및 시위에 관한 법률(집시법) 폐지 등 학내 민주화와 사회 민주화를 내걸고 교내 시위와 가두시위 및 철야농성 등 활발한 반정부 투쟁을 전개했다.

1984년 11월 14일 고려대학교 · 연세대학교 · 성균관대학교 학생 264명이 민정당사를 점거했다가 전원 연행됐다. 1985년 4월 12일에는 대학생 2000여 명이 서울 신당동에서 청계피복노조 합법화와 노동3권 보장을 요구하며 시위를 벌였다. 동년 4월 17일 고려대학교에서는 전국 23개 대학 대학생 1200여 명이 '전국학생총연합전학련, 全學聯'을 결성한 후 시위를 전개했다.

1985년 5월 23일 서울 다섯 개 대학 대학생 76명이 광주 민중항쟁의 유혈 진압에 대한 미국의 책임 인정과 공개 사과를 요구하며 서울 미문화원 도서관을 점거하고 단식농성을 한 사건 이후, 전두환 정권은 아홉 개 대학에 경찰을 투입하여 삼민三民투쟁위원회 수배 학생 66명을 검거하고 연행했으며, 전국 110개 대학을 일제 점검하는 조치를 취했다.

1985년 8월 7일에는 대학생들의 독재 정권에 대한 반정부 시위를 탄압하기 위해 정부와 민정당이 '학원안정법 學園安定法' 30을 제정하려다가 야당과 재야 등 국민들의 반발로 8월 17일 입법 보류 방침을 발표하여 철회하는 해프닝을 연출하기도 했다. 1985년 11월 4일에는 고려대

---

30 1985년 '학원안정법' 파동은 대학가에서 서울 미문화원 점거농성 사건, 삼민투위 사건이 발생하는 등 대학가의 민주화운동이 거세지자, 학생운동을 탄압하기 위한 학원안정법 제정을 극비리에 추진하다가 일어난 사건이다. 학원안정법 제정민정당 내 온건파로 분류되던 이한동(당시 민정당 사무총장) · 이종찬(당시 원내총무) 의원이 이 법안에 반대 의사를 표명했는데도 민정당은 당직을 개편하고 입법을 본격적으로 추진했다. 8월 7일 정부가 학원안정법 시안을 공개하자 야당인 신민당과 재야 39개 단체가 학원안정법 철회를 요구하며 공동 성명을 발표하는 등 사회 각계가 저항했고 8월 17일 전두환 대통령이 '입법 보류' 방침을 밝힘으로써 사건은 일단락됐다.

학교 학생 30여 명이 새마을중앙본부에서, 서울 일곱 개 대학 14명은 주한미국상공회의소에서 점거농성을 벌였고, 그해 11월 18일 재경 열네 개 대학 대학생 185명은 민정당 중앙정치연수원을 점거하여 시국 토론회 등을 요구하며 농성을 벌이기도 했다. 1986년 10월 28일에는 스물여섯 개 대학 2000여 명의 대학생들이 건국대학교에서 열린 '전국반외세반독재애국학생투쟁연합회(애학투)' 발족식 집회 후 경찰의 진입에 밀려 출입을 봉쇄당한 채 건물을 점거하고 나흘간 철야농성을 벌였다. 전두환 정권은 학생들의 구호와 유인물에 나타난 '용공 좌경 성향'을 문제 삼아 학생들을 공산혁명분자로 몰아 1525명을 연행하고 1288명을 구속했다. 구속자 가운데 890명이 기소유예로 풀려났고, 395명이 기소됐다. 1986년 4월 28일에는 서울대학생 김세진과 이재호가 전방부대 입소 거부 시위 도중 '반전 반핵'을 외치며 분신해 자살했다.

특히 강제징집과 녹화사업은 전두환 신군부 집권 과정의 불법성을 밝히려는 학생운동의 싹을 자르기 위한 공작 차원에서 이루어졌다. 강제징집이 당시 내무부·보안사·치안본부·검찰·문교부 등 국가기관들의 초법적인 합작품이었다는 사실은 이미 다 드러났다.[31]

녹화사업은 전두환의 집권 초기에 강제징집된 학생운동 출신 대학생들을 '특별정훈교육'으로 순화한다는 명목으로 보안사가 마련한 계획이다. 이 사업에 따라 강제징집된 사병들에 대한 강압적인 사상 개조와 학생운동 사건 관련자들에 대한 불법 연행과 수사가 자행됐고, 엄청난 육체적·정신적 가혹행위가 가해졌다. 특히 문제가 되는 것은 보안사

---

31 《국민일보》, 2002년 2월 28일 자, 31면 참조.

가 녹화사업 대상자들에게 관제 프락치 공작을 강요했다는 점이다. 즉 이들에게 휴가를 주고 내보내 과거에 함께 활동한 동료나 선후배들의 행적과 동향을 파악해 보고하라고 강요한 것이다.[32]

의문사진상규명위원회는 1980년대 초반 강제징집의 연원을 추적하고 조사해 왔으며, 이를 통해 녹화사업이 불법적 강제징집 조치와 연동되어 제5공화국 출범과 정권 안보를 위한 학원 대책의 일환으로 계엄 상황하에서 실시되었다는 사실을 확인했다.

강제징집은 당시 중앙정보부(안기부)·보안사·치안본부·문교부·병무청 등 관련 기관들이 역할을 분담하여 시행했고, 이를 위한 다층적인 대책회의가 상시적으로 운영됐다. 1988년 제5공화국 특위에서 밝혀진 447명에 대한 강제징집 이전에도 포고령 위반, 야학회, 학림 사건 등 각 기관이 개입하여 초법적으로 진행됐다. 전두환 신군부 집권 후 보안사령부의 주도로 실시된 녹화사업은 1982년 9월경 보안사령부 공작과에서 분리한 심사과를 통해 계엄 상황하에서 강제징집된 학생들의 전역과 학원 복귀를 앞두고 정권 안보를 목적으로 실시됐으며, '순화교육', '교육사업'이라는 대외적인 명분과는 다르게 대공 첩보를 수집한다는 이유로 활용(프락치) 공작도 서슴지 않았다고 한다. 더욱이 강제징집된 사람들 가운데는 다음의 표에 나온 것처럼 징집면제 또는 보충역 대상자처럼 군대에 갈 만한 상황이 아닌 사람들도 많았다고 한다.

예를 들어 다음의 표에 나온 이윤성 씨의 경우는 만 스무 살이 안 돼 징집 연령에 해당하지 않았을 뿐만 아니라 아버지가 예순으로 고령인

---

[32] 한홍구, 「'녹화사업'을 용서할 수 있는가」, 《한겨레21》 제419호(2002년 7월 24일), 76쪽.

징집 면제 또는 보충역 대상자의 부당 강제징집 사례[33]

질병	김○홍(서울대 81, 간염 환자), 원○영(한양대 81, 암 초기), 이○문(한양대 81, 간질 환자), 한영현(한양대 기계공학과 81, 늑막염, 사망)
시력	홍○표(서울대 83), 이○호(고려대 81), 이○현(고려대 80, 축농증, 3급으로 보충역 판정)
체중 미달	채○상(고려대 83), 진○철(고려대 81), 최○식(성균관대 81, 군에서 경찰로 되돌아왔다가 다시 징집)
신체 장애	이○록(고려대 83), 정○화(고려대 81, 평발), 박○홍(고려대 81, 고문 후유증), 이○호(연세대 81, 평발)
부양 가족	최○환(고려대 81, 의가사제대)
독자	이윤성(성균관대 사학과 81, 사망, 2대 독자)
징집 연령 미달	이○철(고려대 83), 길○각(연세대 81)

2대 독자인 데다 시력이 극도로 나빴는데도 군에 강제징집됐고 월북을 기도하여 보안대에서 조사를 받았다는 터무니없는 누명을 쓴 채 결국 녹화사업으로 목숨을 잃었다.[34]

보안사령부는 1982년 9월부터 12월까지 4개월 동안 32명을 대상으로 녹화사업 도입 전 시험 교육을 실시했고, 1982년 9월 6일 업무전담과(심사과)를 설치하고 심사를 전담할 심사장교를 2차에 걸쳐 23명을 선발하여 사령부 진양분실과 과천분실, 각 사단 보안부대에 배치하여 녹화사업을 진행했다. 녹화사업은 A급에 대해서는 사령부에서, B급에 대해서는 사단 보안부대에서 실시했으며, C급에 대해서는 지속적인 동향 관찰을 진행했다.

---

33 한국기독학생회총연맹 등, 『강제징집문제공동조사보고서』(1984년 3월)에서 재분류.
34 한홍구, 앞의 글,《한겨레21》 제419호(2002년 7월 24일), 77쪽.

녹화사업은 강제적인 사상 개조, '관제' 프락치 강요, 사건과 관련이 있을 시 관련자(민간인)를 불법으로 연행하는 강압 수사를 포함하는 것으로 알려졌다. 또한 녹화사업은 당시 권력 핵심자의 지시에 의하여 입안됐고, 이른바 '문제 학생'들에 대한 사회 격리 차원에서 진행됐다. 보안사령부(현 국군기무사령부)의 녹화사업은 ① 강제징집한 자의 경우, ② 정상 절차를 통해 입대한 사병이라 해도 과거 학생운동 전력이 드러난 경우, ③ 사회에서 시국 사건과 관련성이 드러난 경우 근원 발굴 차원에서 진행됐다.

1982년 9월부터 본격화되어 전두환 군부 정권에 비판적이며 저항하는 대학생들을 강제로 징집한 뒤 동료 학생들에 대한 프락치 활동을 강요한 녹화사업 대상자는 무려 1100여 명에 이르는 것으로 알려졌다. 특히, 군사독재 정권의 잔혹함은 프락치 활동을 거부하면 가혹행위를 하고, 그 과정에서 숨지는 사람이 생기면 월북을 기도하다 자살했다는 식으로 조작했다는 점에서 극명히 드러난다. 의문사진상규명위원회가 밝혀낸 **이윤성 씨 사망** 사건은 녹화사업이 얼마나 가혹했으며, 국가권력이 얼마나 끝없이 추락했는지를 보여 준다.

1982년에서 1983년 사이 강제징집과 녹화사업의 과정에서 정성희(1982년 7월 23일 사망, 5사단), 이윤성(1983년 7월 2일 사망, 7사단), 김두황(1983년 6월 8일 사망, 5사단), 한영현(1983년 7월 2일 사망, 7사단), 최온순(1983년 8월 14일 사망, 15사단), 한철희[35](1983년 12월 11일 사망, 5사단) 등이 목숨을 잃었다. 당시 보안사는 이들이 대부분 신상 비관으로 자살했

---

[35] 한철희의 경우는 강제징집자가 아닌 정상적인 입영자로서 공안 사건 관련으로 보안사 심사과의 조사를 받았다.

다고 발표했으나, 의문사진상규명위원회의 조사 결과 대부분 사망 과정에서 보안사의 개입과 연관성이 확인되었다고 한다.

대학생 강제징집과 녹화사업에 관련된 의문의 죽음 여섯 건은 모두 녹화사업이 노골적으로 진행되던 1982년 7월부터 1983년 12월 사이에 집중적으로 발생한 것으로 조사됐다. 녹화사업은 단지 의문사 여섯 건의 개별적인 사건 모음이 아니다. 이는 국가권력의 정점에서 내려진 지시에 의해 관련 기관이 총동원되어 자행한 체계적인 국가 범죄이다. 다시 말해서, 1980년대 초반의 녹화사업은 군이 국방의 의무를 처벌의 수단으로 악용하고, 나아가 프락치 공작을 강요했다는 점에서 씻을 수 없는 범죄행위이다.[36]

사찰 · 미행 · 도청을 통한 감시의 일상화 지배 수법

군사독재 시대는 사회 전체가 감시의 그물망으로 짜인 조지 오웰의 소설 『1984년』 그대로였다. 감시는 타인의 정보를 축적하여 감시의 대상이 된 인물들의 생각과 행동을 통제하는 권력의 억압 수단이다. 독재 정권은 정치적 반대 세력이나 반정부 인사, 독재에 대항하는 민주 세력의 주요 인사들에 대한 정치 사찰과 미행, 불법 도청을 통한 감시를 일

---

36 한홍구, 앞의 글, 《한겨레21》 제419호(2002년 7월 24일), 76쪽.

상화했다. 사찰, 미행, 도청은 헌법이 보장하는 국민의 신체의 자유와 거주·이전의 자유, 통신의 자유에 대한 명백한 침해로 민주주의를 질식시켰다. 또한 국민의 표현의 자유와 정치적 자유에도 간접적으로 족쇄를 채웠다.

정치 사찰이 정보기관에서만 이루어진 것은 아니다. 사회 전반에 대한 사찰은 경찰에 의해 이루어졌다. 다시 말해서 경찰도 정치 사찰의 첨병이었다고 할 수 있다. 과거 군사독재 시절 정치계 및 학원, 노동계에서 사찰활동을 벌인 이들은 경찰 정보과 형사들이었다. 경찰 정보과 형사들은 이른바 '망원(정보원)'도 이용했다. 군사독재 정권에서는 그야말로 무차별적·전방위적 수단이 동원됐다. 기관원뿐만이 아니다. 도처에 깔린 망원이나 프락치를 통해 온갖 정보가 수집됐다.

정보기관이 정보를 습득하는 방식이 도청, 미행, 매수, 회유라는 것은 기본 상식이다. 정보기관에서는 '존안국局'이나 '존안실室'을 운영해 정보원이 올린 '동향 정보'를 체계적으로 존안자료에 보관한다. 이것이 바로 민간인 및 정치인 사찰의 뿌리이다.

군사독재 시대 권위주의적 통치자들은 '존안자료' [37]의 생산과 활용이라는 메커니즘을 정권 유지를 위해서도 악용했다. 도전 세력의 약점을 캐내 탄압의 수단으로 삼는 '정보통치'가 이래서 생겼다. 그래서 중정이라 불리던 중앙정보부, 안기부, 기무사 등 과거 정보기관이 막강했던 것이다.

---

[37] 존안자료(存案資料)란 대통령이 찾는 인물에 대한 궁금한 사항을 말 그대로 시험 답안지처럼 모든 해답을 갖춰 놓고 있는 인사 정보 파일이다. 대통령이 이런 인사 파일을 6개월 정도 읽게 되면 권력 안팎의 인물에 정통하게 된다. 그러면

독재에 저항하는 야당 국회의원, 정당인, 정권에 대한 반대 세력 및 비협조자, 신부·목사 등 재야활동을 하는 민주 인사나 노동계 인사, 학생운동 당사자들은 예외 없이 날마다 감시 속에 살았다. 감시와 미행을 하고 전화를 도청했다. 심지어 회유까지 했다. 경찰을 비롯한 정보 기관들은 요시찰 인사들의 가옥과 담 형태, 출퇴근 시간과 교통수단, 접촉 인물과 대화 내용, 개인의 은밀한 사생활까지 구체적으로 정보를 수집했다.

독재 시대의 대표적인 민간인 사찰 사건은 '보안사 민간인 사찰 사건', 일명 '윤석양 이병 양심선언 사건' [38]이다. 군사정보의 수집과 분석이 주 임무인 국군보안사령부(보안사)가 불법적인 민간인 사찰에 개입하는 작태를 범한 것이다. 보안사는 전두환이 정권을 장악하는 데 전위대

존안자료는 정보기관에서 어떻게 생산될까? 존안자료는 신문, 방송 등에서 얻은 공개 자료와 정보원이 발로 뛰어서 얻은 비공개 자료로 구성된다. 공개 자료는 대통령이 이미 접했을지도 모르는 '물이 간 것'이다. 그러므로 정보기관은 대통령이 모르는 비공개 정보를 한 줄이라도 더 존안자료에 올리기 위해 혈안이 된다. 비공개 자료에는 축재, 축첩, 술버릇 등 사생활이 망라되어 있다. 그래야 대통령이 정보기관의 정보력을 신뢰하기 때문이다(「〈오후여담〉 존안자료」, 《문화일보》 2005년 7월 19일 자 참조).

[38] 윤석양 이병이 폭로한 '보안사의 민간인 사찰'에 대한 움직일 수 없는 증거들은 많은 사람들이 고유 번호를 단 채 감시당하고 관리당하며, 어느 날 갑자기 '예상 도주로'를 봉쇄당하여 '보호'받을 수 있음을 보여 줬다. 윤 이병이 가지고 나온 천 수백 명만이 사찰 대상자라고 믿을 사람은 아무도 없다. 그것은 보안사의 일개 '분실'의 자료일 뿐, 전국의 분실 수십 개와 사령부 자체에 보관되어 있는 사찰 자료가 얼마나 될지는 상상하기 어렵지 않다. 더구나 그보다 한수 위인 안기부의 사찰활동은 오죽할까. 여기에 전국 경찰서마다 정보과가 있고 대공과가 있다. 이를 수천, 수만의 정보 형사들이 밥만 먹으면 코를 벌름거리며 감시의 눈을 번뜩인다(박원순, 「'사찰' 국가와 '1984년의 악령'」, 《말》 1990년 11월 호, 96쪽 참조).

역할을 했다. 보안사는 민정당 창당, 언론 통폐합, 삼청교육대 사건, 각종 정치 공작과 학원 사찰 등 정치활동에 깊숙이 개입했던 군 기관이다.

'보안사 민간인 사찰 사건'은 1990년 보안사에 근무하던 윤석양 이병이 보안사의 사찰 대상 민간인 목록이 담긴 디스크를 들고 탈영해 그 목록을 공개한 사건을 말한다. 이 자료에는 정계와 노동계, 종교계 등에 대한 사찰 기록이 담겨 있었다. 이 사건을 계기로 노태우 정권 퇴진 운동이 거세게 일어났으며, 보안사는 이후 국군기무사령부(기무사)로 이름을 바꾸고 그 역할이 축소됐다.

대법원은 1990년 보안사의 민간인 사찰 대상이었던 한승헌 변호사 등 145명이 국가를 상대로 낸 손해배상 청구 소송에서 국가의 상고를 기각하고 원고에게 위자료를 200만 원씩 지급하라고 원고 승소 판결을 내렸다. 이 대법원 판결은 "공공 기관이라 하더라도 사상·신조 등 개인의 인권을 현저히 침해할 우려가 있는 정보 수집을 해서는 안 된다"라는 점을 재삼 강조함과 동시에 "국가 안보 등을 위해 국민의 자유와 권리를 제한할 경우도 은밀한 방법이나 강제 수단에 의해서는 안 되며 공정한 절차에 따라 진행되어야 한다"라는 점을 밝혔다.

사찰은 어제의 일로 끝난 것이 아니다. 누차 말하지만, 독재자가 사라지고 물러났다고 해서 민주주의가 완성되는 것은 아니라는 이야기이다. 독재 체제의 청산이 없으면 언젠가 독재 시대의 악습과 수법이 슬며시 고개를 들고 활개를 친다.[39] 민간인 사찰 또한 마찬가지이다.

1990년 윤석양 이병의 양심선언으로 알려진 '보안사 민간인 사찰 사

---

[39] 2009년 8월에도 기무사 요원에 의한 민간인 사찰이 있었다는 점에서 이번 사건

건'을 계기로 우리 사회에서 종식된 것으로 알았던 민간인 사찰이 현 이
명박 정권에서도 계속 발생하고 있다. 국무총리실 산하 **공직윤리지원관
실**의 민간인 불법 사찰이 커다란 사회적 파문을 일으켰고, 2009년 8월
쌍용자동차 파업 과정에서 기무사 요원에 의한 민주노동당(민노당) 관계
자 등 민간인 사찰 사건, 2011년 기무사 요원의 조선대학교 교수 이메일
해킹 사건에서 보듯 기무사가 상습적이고 조직적으로 민간인을 사찰한
다는 의혹이 있다. 군 특히 기무사의 민간인 사찰 행위는 우리 민주주의
수준을 20년 전으로 후퇴시킬 뿐 아니라 헌법이 명문으로 금지하고 있
는 국군의 정치 개입을 위반하는 반헌법적 행위이다.**40**

　민간인 사찰을 비롯한 미행, 불법 도청, 공작 정치는 인권을 침해하고
민주주의를 후퇴시키는 독재 정권 시절의 유령으로서 악습 중의 악습
이다.**41** 민간인 사찰의 부활은 민주주의의 시계 바늘을 거꾸로 돌리려
는 작태이다. 우리 사회에 민주주의의 적이 다시 출현하고 있는 것이다.

은 단발성으로 보기 힘들다. 들킨 것만 두 건이니 몰래 진행한 사찰은 더 있었
다고 보는 것이 상식에 맞다. 당시 경기 평택역 앞에서 열린 쌍용자동차 파업
집회에서 참가자들을 캠코더로 찍던 기무사 소속 대위가 시민단체 회원과 민노
당원들에게 적발됐다. 기무사는 그때 "국가보안법 위반 혐의 장병에 대해 수사
중이었다"라고 둘러댔으나, 법원은 이에 대해 "인정하기 어렵다"라고 판정했
다. 불법 사찰을 한 민간인들에게 1억여 원을 배상하라는 판결까지 내려졌지만
정작 당사자인 신 아무개 대위는 형사처벌은커녕 이후 소령으로 진급까지 했
다. 기무사가 조직의 임무로서 상습적으로 민간인 사찰을 해 온 것이 아니라면
도저히 있을 수 없는 일이다.

40 우리 현행 헌법 제5조 제2항은 "국군은 국가의 안전보장과 국토방위의 신성한
　의무를 수행함을 사명으로 하며, 그 정치적 중립성은 준수된다"라고 규정하여
　군의 정치활동과 정치개입을 금지하고 있다.

41 정치인에 대한 뒷조사와 민간인 사찰이 '공식적'으로 사라진 것은 참여정부 때
　로 알려져 있다.

정치적 테러리즘을 통한
정치 테러의 지배 수법

해방 후 미군정하에서 좌우익의 대립 투쟁은 자연히 폭력적 대결으로 치달았고, 그것은 건국 이후 좌익에 대한 제압으로 이어졌다. 당시 이승만 정권의 지지 기반은 일제 관료와 월남 우익 세력 및 자산층이었는데, 그는 이러한 지지 기반을 보강하고 좌익 대중 조직과의 투쟁에 대응하고자 서북청년단과 대동청년단 등 테러 집단과 경찰을 동원했다. 이러한 청년단과 경찰을 행동대로 하여 좌익과 대결한 것이다. 그러다 보니 테러 수법이 일상화·만성화됐고, 그것이 정권 유지의 필수적 장치가 되어 버려 결국 법치와 인권이 우리 사회에 발붙일 수 없게 됐다. 게다가 이승만 정권의 계속적인 위기와 국민들의 민심 이탈은 그들을 더욱 초조하게 했다. 당시 여당인 자유당의 감찰부는 이정재라는 동대문시장 깡패 두목을 간부(차장)로 들어앉혔고, 그 외의 폭력배가 이정재를 중심으로 연합을 이루었다. 임화수(반공예술인단장)와 곽영주(경무대경찰서장) 등이 이정재의 주변 측근이고, 그 밑의 행동대가 장충단 야당 집회를 주먹으로 때려 부순 유지광 같은 주먹잡이들이다. 유지광 같은 중간 보스 밑에 시정 무뢰배와 상이군경 출신 행동대가 있다.

그 밖에 서북에서 월남한 사람으로 조직된 이화룡계의 대한실업협회 등 방계 조직도 있었다. 지역별, 출신지별, 전쟁 희생자 출신별 등 각종 연고에 따른 파벌 조직이, 부산 피난 시 개헌 파동 때에는 땃벌대, 백골단 등으로 조직됐다가 자유당 말기에는 대한반공청년단이라는 조직으로 정비돼서 1960년 3.15 부정선거의 특공행동대를 준비시키기도

했다. 1960년 4.19 직전 대학생 데모대(4.18 학생 데모)에 종로에서 폭력을 가한 것도 그들 폭력배들이었다.

이승만 자신이 이들 폭력배를 직간접으로 조정했고 그의 명령을 어기면 서북청년단 김성주를 원용덕 헌병총사령관을 시켜서 살해한 것처럼 폭력배를 동원한 테러 정치를 건국 후에도 이어 갔다. 그러한 테러리즘이 결국 이승만에게 1960년 3.15 부정선거 강행으로까지 밀고 나갈 자신감을 주었다. 결국 당시의 주민 통제 조직은 경찰과 특무대(육군보안대) 및 청년단 조직이었다. 이들 앞에서 좌경분자라는 낙인이 찍히면 어느 누구도 살아남을 수 없었다. 그들이 일상 쓰는 "말이 많으면 빨갱이다"라는 말처럼 이치를 따질 여지가 없었다.

이승만 정권하에서 여러 이유, 구체적으로는 ① 헌정 경험 미숙, ② 건국 후 일제 잔재 존속(인적·물적·정신적 잔재), ③ 전쟁으로 인한 비상사태, ④ 집권 연장을 위한 반대파에 대한 용공 조작의 극단화, ⑤ 사법적 구제 장치의 마비 등 때문에 이름 없는 민중은 인권침해에 거의 속수무책이었다. 당시 유행하던 말대로 '백'(유력한 연줄, 배경)이나 돈이 있어야 했다.

정치활동규제법률을 통한 반대파 및 정적 제거 수법

5.16 군사 쿠데타나 12.12, 5.17 쿠데타 세력의 정치군인들은 민주주의

를 경멸하고 국민들의 정치활동에 적의敵意를 보였다. 옛날에 한국을 지배했던 군인들, 이른바 1910~1945년의 일본 장교들처럼 그들은 토론이 행동을 옆길로 빠지게 하고 투표가 행동을 지연시킨다고 믿었다. 부패 정치만 정화하면 선량한 시민들은 질서 있고 잘 계획된, 국가가 명한 발전된 생활을 할 수 있다는 것이다. 국회의 무용성無用性과 끝없는 토의의 무의미성이, 사적 모임이나 때로는 공적 장소에서 젊은 영관급 장교들과 그들 동조자들의 대화 주제가 됐다.[42]

쿠데타를 일으킨 정치군인들은 공통적으로 자신들의 집권을 정당화하고 합리화하고자 자신들의 집권에 걸림돌로 작용했으며 반대파일 수밖에 없는 기존 정치인들에게 '부패와 무능', '사회 혼란의 근원지'라는 이유를 내세워 자신들의 집권이 공고화될 때까지 정치활동을 금지시키는 법률을 만들어 규제했다. 그러한 법률이 바로 국가재건최고회의

국가재건최고회의와 국가보위비상대책위원회의 비교[43]

	국가재건최고회의	국가보위비상대책위원회
헌법 파괴 · 헌정 유린	국회 해산	국회 해산
정치활동규제법률	정치활동정화법	정치풍토쇄신을위한 특별조치법
노동활동	기존 노동조합을 모두 해산, 새로이 어용노조로 편성 관리	노조 활동 규제
대중 동원 · 통제 체제	재건국민운동	사회정화위원회
강제노동 및 사회악 일소 캠프	국토건설단	삼청교육대

---

[42] Gregory Henderson, 『*Korea: The Politics of the Vortex*』(Harvard University Press, 1968), 박행웅 · 이종삼 역, 『소용돌이의 한국정치』(한울, 2000), 278쪽.

[43] 한상범, 『현대법의 역사와 사상』(나남출판, 2001), 278~281쪽 참조.

의에서 만든 '정치활동정화법'이고, 국가보위입법회의에서 제정한 '정치풍토쇄신을위한특별조치법'이었다.

'정치활동정화법'은 5.16 쿠데타 후 군부가 본격적으로 정치 일선에 나서기 위해 일정 기간 동안 구舊정치인들을 정치 무대에서 격리하는 데 그 목적이 있었다. 5.16 군사 쿠데타 세력은 구정치인 및 군내 반대파의 손발을 묶기 위한 조치로 국가재건최고회의 아래서 1962년 3월 정치활동정화법에 의해 제2공화국 민주당 정권 시절의 정치인 4,367명의 정치활동을 거의 6년간 금지시켰다. 정치활동이 봉쇄된 명단에는 국가재건최고회의에서 추방된 전 군부 지도자와 군사정부에 비판적인 언론인을 비롯하여 각 정당의 지도자, 전직 고위 공무원, 부정 축재자, 학생운동 지도부 등이 있었다. 그 뒤 박정희 군사정권은 금지령을 약간 완화해서 정치활동에 참여하려면 허가 신청을 내게 하는 방법으로 '카노사의 굴욕' **44**을 강요했다.

전두환 신군부 또한 자신들의 집권에 유리한 환경을 조성하고자 **정치풍토쇄신을위한특별조치법**을 제정했다. 이 법의 목적은 헌법 부칙 제6조 제4항의 규정에 따라 "정치적 또는 사회적 부패나 혼란에 현저한 책임이 있는 자의 정치활동을 규제하기 위한 합리적이고 공정한 심판기구와 절차를 규정함으로써 정치 풍토를 쇄신하고 동의정치를 구현하여 민주정치의 발전에 기여함을 목적으로 한다"라고 규정하고 있으나, 실제적으로는 전두환을 비롯한 신군부가 집권을 위한 사전 정지 작업으로 구정치인의 정치활동을 봉쇄하기 위해 1980년 11월 3일 국가보위

---

44 독일 황제 하인리히 4세가 눈보라 속에서 교황 그레고리우스 7세에게 사흘간 사면을 애원하며 굴욕당한 사건.

입법회의에서 제정됐다. 정치풍토쇄신을위한특별조치법은 1968년 이후 정치적·사회적 부패와 혼란에 현저한 책임이 있다고 판정되는 인사의 정치활동을 1988년 6월 30일까지 규제하는 것을 그 내용으로 한다. 이 법에 따라 1980년 11월 7일 아홉 명으로 이루어진 **정치풍토쇄신위원회**를 구성하고, 위원장으로 김중서 대법원 판사를 임명했으며, 11월 12일에는 정치활동규제 대상자 811명을 발표했다.

이 기구에서 전현직 정치인들을 심사한 결과, 구시대 정치인 567명이 정계에서 타율적으로 은퇴당했다.

정치풍토쇄신을위한특별조치법은 선거권은 인정하나 피선거권은 인정하지 않음으로써 공직 선거의 입후보와 선거운동을 금지했으며, 정당 또는 사회단체의 가입을 금지하고 정치적 집회의 주최자 또는 연사가 될 수 없게 했다(동법 제2조). 또한 이 법은 정치쇄신위원회의 판정, 대통령의 확인 기타 명령 또는 처분에 대하여는 행정소송 기타의 불복신

정치풍토쇄신위원회 위원 명단[45]

위원장	위원
김중서(대법원 판사)	이광노(입법회의 의원) 박봉식(입법회의 의원) 이진우(입법회의 의원) 이춘구(사회정화위원장 직무대리) 김종호(내무부 차관) 정태균(법무부 차관) 김덕주(법원행정처 차장) 정치근(대검 공안부장)

---

[45] 《서울신문》, 1980년 11월 7일 자, 1면.

청을 할 수 없게 하여 사법심사의 대상에서 제외시켰다(동법 제10조).

전두환 정권은 1983년 2월 국민화합조치의 일환으로 1차 정치해금政治解禁을 한 데 이어 1984년 2월과 11월에 2, 3차 해금을 잇달아 단행하고 1985년 3월 6일을 기해 김대중·김영삼 등 14인을 마지막으로 정치활동 규제 대상에서 해제하여 전면 해금 조치를 했다.

정치활동 규제가 자신들의 집권에 방해나 걸림돌이 되는 인사들을 묶어 놓은 것임을 생생하게 보여 주는 사건이 1985년 2월 12일에 실시된 제12대 국회의원 선거에서의 신한민주당(신민당)의 돌풍이다. 신민당은 정치해금 인사들을 중심으로 결성된 정당으로 창당 20여 일 만에 29.4퍼센트의 득표율로 67석(전국구 17석)을 차지해 제1야당으로 부상하며 집권당을 위협했다. 특히, 신민당이 대도시의 표를 휩쓸며 서울 열네 개 선거구, 부산 여섯 개 선거구, 광주·인천·대전의 다섯 개 선거구에서 전원 당선자를 내는 한편, 서울·부산 등에서는 신민당 후보가 거의 1등으로 당선됨으로써 대도시 득표율에서 집권당인 민정당을 앞지르는 기세를 올렸다. 신민당의 선전은 기존 제도권(어용) 야당에 대한 불만과 정통성을 결여한 전두환 정권의 강압 통치 및 부도덕성에 대한 국민의 불만이 폭발한 것으로 분석할 수 있다.[46]

참고로 역대 특정인의 공민권을 제한하기 위한 소급입법으로써 정치활동 규제 관계법의 내용을 간략하게 살펴보면 다음과 같다.

---

[46] 선거 혁명으로 일컬어지는 1985년 2.12 총선은 직선제 개헌 운동의 원동력이 됐다. 따라서 제5공화국 전두환 정권의 종말을 앞당기는 하나의 동인(動因)으로 작용했다. 2.12 총선을 통하여 지지 기반을 상실한 전두환 정권은 공권력에 의존해 권력을 유지하려 했으며, 그러한 과정에서 부천경찰서 성고문 사건, 박종철 고문치사 사건을 일으켜 그들의 폭력성을 드러냈다.

역대 정치활동 규제 관계법 내용[47]

법률/구분	대상	규제 기간	심사 기관	기타
반민특위법 (1948년 8월 5일)	• 일제와 음모, 합방에 협력한 자 • 일제로부터 작위를 받은 자 • 일제하에 독립운동자 가족을 박해하거나 살해한 자 • 중추원 부위원장, 고문, 참의원, 칙임관 이상 관리	2년	10인 특별 조사위	• 악질은 사형 또는 10년 이상 징역 • 처벌은 대법원 특별재판부(부장 김병노)에서 담당 • 정치적 논란으로 시행 유보
공민권 제한법 (1960년 12월 31일)	• 자동 케이스(612명): 자유당 정부 각료, 자유당 간부, 경찰 간부, 지방 행정·금융 기관장	7년	14인 조사위 (법관, 변호사, 교수, 기타)	• 법 시행 후 2개월 이내 처리 • 심사 완료 시 10일 내 본인에게 통지 • 해당자 관보 게재
	• 심사 케이스(654명): 현저한 반민주 행위자	5년		
정치정화법 (1962년 3월 16일)	• 공민권 제한법 해당자 • 5대 민의원, 참의원 • 민주당 정부 각료, 대사, 공사 • 정당 간부 • 지방장관, 지방의원 • 국영·국책 기업체의 장 • 부정 축재자	6년	정치활동 정화위 (위원장 포함 7인)	• 15일 이내 해당자 공고, 15일 이내 적격심판 청구 • 최고회의 의장 확인 • 4,363명 공고 후 1,336명 구제 • 4차에 걸쳐 거의 전원 해금(해외 도피 자동 74명만 제외)
정치풍토 쇄신법 (1980년 11월 3일)	• 10대 국회의원 • 정당의 중앙당, 시·도 지구당 간부 • 보안처분 대상자 • 1968년 8월 16일에서 1980년 10월 26일까지의 기간 중 정치 사회 부패·혼란 책임자	8년 (1988년 6월 30일 까지)	정치쇄신 위원회 (9인 이내)	• 사전 심사, 명단 공고 • 7일 이내 1차 공고, 10일 이내 추가 공고 • 공고 후 7일 이내 적격 심판 청구 • 대통령 재량으로 해금 가능 • 행정소송 등 불가능 • 위반자 징역 5년 이하, 벌금 1천만 원 이하

---

47 《조선일보》, 1980년 11월 4일 자, 3면.

대중 동원과
통제 체제를 통한 지배 수법

박정희를 비롯한 5.16 군사 쿠데타 세력이 재건국민운동본부를 통해 감시나 대중 동원을 했다면, 1980년의 전두환 신군부는 사회정화위원회라는 조직을 통해 감시나 밀고를 조장하여 사회통제를 가했다.

5.16 쿠데타 세력이 전개한 재건국민운동이란 쿠데타 정부가 국민 복지를 이룩하고 국민의 도의 · 재건의식을 높인다는 이름 아래 벌였던 범국민운동이다. 그러나 그 이면에는 쿠데타의 목적이 새로운 사회 건설에 있었던 것처럼 합리화하고 자신들의 지지 세력을 끌어모으기 위한 정략적 계산이 깔려 있었다.[48]

5.16 쿠데타 세력의 중추인 국가재건최고회의는 1961년 6월 10일 국민의 신생활 체제의 견지와 반공 이념을 확고히 하는 범국민운동을 전개하기 위해 '재건국민운동에 관한 법률'을 제정해 공포했다. 그리고 '국가재건최고회의법' 제16조에 의하여 국가재건최고회의 산하에 재건국민운동본부를 두기로 했다. 재건국민운동본부장에는 유진오(당시 고려대학교 총장)가 임명됐고, 1961년 6월 12일 동대문운동장에서 국가재건범국민운동촉진대회가 거행됐다. 국민재건운동의 실천 방안으로는 용공 중립 사상의 배격, 국민 도의의 앙양昻揚, 정서 관념의 순화醇化, 국민 체위의 향상, 내핍 생활의 실천, 근면 정신의 고취를 시달했다.

국가보위비상대책위원회(국보위)는 사회 개혁의 일환으로 대대적인 사

---

48 한국사사전편찬회 편, 『한국근현대사사전』(가람기획, 1990), 372쪽.

회정화운동을 전개했다. 전두환 신군부가 말하는 '사회정화운동'이란 국민정신의 개혁을 통하여 정의로운 사회를 구현하고 새 시대 새 역사를 창조하기 위한 범국민운동이다. 이 운동은 사회 각 분야에 만연한 부정, 불의, 부패 등 각종 비리와 폐습을 제거하는 것에서 시작됐으며, 근본 목적은 정직·성실·근면한 사람이 우대받고 존경받을 수 있는 건전한 사회 풍토를 조성함으로써 정직성을 토대로 서로 신뢰할 수 있고 질서가 존중되는 조화로운 사회, 창의성을 바탕으로 발전하는 사회를 건설하자는 데 있다. 국가보위비상대책위원회는 사회정화운동이 지닌 참된 의의가 그동안 적체된 모든 부조리를 일소하고 국민 상호간에 조성된 위화감이 시급히 불식되도록 우리 스스로 사회질서를 개혁해 나감으로써 정의로운 새 사회 건설에 국민 모두가 동참하는 데 있다고 설명한다.[49]

국가보위비상대책위원회는 사회정화 업무의 효율적인 수행을 명목으로 정부조직법 제2조의 규정에 의해 1980년 11월 1일 발족된 국무총리직속기관으로 사회정화위원회를 설치했다. 사회정화위원회 발족 당시 위원장은 '이춘구'로 국가보위비상대책위원회 정화분과위원장이었다.[50]

---

[49] 국가보위비상대책위원회 편, 『국보위 백서』(국가보위비상대책위원회, 1980), 45~46쪽.

[50] 사회정화위원회는 위원장 1인과 위원 6~8인으로 구성되며, 임무는 ① 사회정화 업무에 관한 연구 및 기획, ② 대통령 및 국무총리의 명에 의한 사회정화업무에 관한 관계 행정기관·공공단체 및 그 산하 단체에 대한 조정과 통제, ③ 사회정화에 관한 교육 및 홍보, ④ 기타 사회정화에 관한 수명 사항을 수행하도록 그 임무가 규정되어 있으며 위원장 및 위원을 열성적 국가공무원으로 보하도록 규정되어 있다. 사회정화운동의 중앙본부는 사회정화위원회와 보조연구 단체인 현대사회연구소를 설치했다. 그리고 공사(公私)의 모든 직장과 지역

사회정화위원회는 사회악社會惡과 사회 비리를 근절하기 위해 사회 정화 임무를 총괄 일원화해 조정하고 통제한다는 명목하에 설치됐다. 그러나 사회정화위원회는 감시나 밀고를 조장하는 사회 분위기에 사회 통제를 위한 수단으로 설치되고 악용됐다고 보는 것이 타당하다.

한편, 1980년 '사회정화위원회'가 감시와 밀고를 통한 감시통제기 관이었다는 것은 삼청교육대의 대상자가 된 피해자의 유형[51]에서 그 실증적인 사례를 확인할 수 있다.

강제노동 및 사회악 일소 캠프를 통한 지배 수법

5.16 쿠데타 세력이 집권기구로 운영한 **국가재건최고회의**는 '국토건

단위에 정화추진위원회를 설치하고 운영했다. 사회정화운동의 추진 주체가 되는 각급 정화추진위원회가 시도(市道)에서 통리반(統里班)·부락에 이르기까지 지역 중심으로 설치되고 직능, 직장, 학교 단위로도 설치되어 1980년 말까지 지역위원회(地域委員會)가 6만 7555개, 직능·직장위원회가 1만 5365개로 총 8만 2,290개 위원회가 설치됐다[연합통신, 『연합연감 1981』(연합통신, 1981), 74쪽].

51 삼청교육대 대상자가 된 피해자의 유형을 살펴보면, ① 군사정권에 반대 성향이 있다고 보이면서 특별하게 법률로 처벌할 약점이 없는 소시민층들 중에서 걸려든 자, 예를 들면 야당 쪽에서 비판 세력의 일원이 되어 온 지방의 정치 지향의 유지나 인사, ② 군사정권의 정책 시행에 걸림돌이 되고 말을 안 들어 불편한 존재라고 찍힌 사람, 예를 들면 지방방송국을 책임지는 자인데 방송소유경영권을 포기하지 않을 것 같은 사람, ③ 직장이나 지역의 사회정화위원회가 밀고하고

설단'을 운영하면서 강제노역을 부과해 헌법상의 신체의 자유를 침해했고, 1980년의 전두환 신군부는 사회악 일소의 일환으로 삼청교육대(삼청교육캠프)를 운영했다.

5.16 쿠데타 세력은 시민이 싫어하는 깡패나 폭력배를 영장 없이 잡아다가 군인들을 시켜 패고, 그들을 다시 '국토건설단'이라는 강제노역에 동원하여 헌법이 보장하는 신체의 자유를 유린했다.[52]

전두환 또한 1980년 정권을 탈취한 후 '삼청교육대'[53]라는 강제노동 캠프에 무고한 시민을 무수히 연행해서 폭행하고 고문하여 치사시키고 불구를 만드는 등 만행을 자행했다. 앞서 말한 '국토건설단'의 선례를 따른 것이다. 5.16 쿠데타의 위법과 무법을 방치한 결과가 이렇게 국민의 신체를 유린하는 등 인권을 침해하는 무섭고 무자비한 보복으로 재현되어 나타났다.[54] 이는 일명 **삼청교육대 사건**이라 불린, 1980년대 한국 사회 최대의 인권유린 사건으로서 국가보위비상대책위원회의

지목한 사람들, 예를 들면 기업체의 노조 간부나 비판적 인사, ④ 과거나 당시 현재에 약점이 있는 사람으로 찍히거나 우연히 걸려든 사람, ⑤ 개인 사이의 사사로운 감정으로 밀고당하고 모략중상과 모함을 당해 끌려간 사람, 그 밖에 수사기관이나 공무원 등 지방 유지와 감정이 좋지 않은 사람으로 밀고당한 사람 등을 들 수 있다[한상범, 「삼청교육의 불법성과 피해자의 명예회복 및 피해배상을 위한 법리」, 삼청교육대인권운동연합 편, 『2001 삼청교육대백서(상)』(삼청교육대인권운동연합, 2001), 494~495쪽 참조].

52 박정희 군사정권 지배 시절, 국토건설단의 합법성 여부와 폭력배에 대한 선도 조치로서 부역의 부과 문제를 과감하게 다루고 있는 논문으로는 한상범, 「신체의 자유와 강제노역의 금지」, 《고시계》 1972년 2월호, 22~31쪽 참조.

53 삼청교육대의 강제연행과 불법감금, 강제노역, 청송감호소의 불법감금, 인권유린 등에 대한 실상과 내용은, 2001년 12월 삼청교육대인권운동연합에서 발간한 『2001 삼청교육대백서(상)』에서 자세히 다루고 있다.

54 한상범, 앞의 책(2001), 281쪽.

사회악 일소를 위한 특별 조치 방침에 따라 각종 사회악 사범과 시국 사범, 무고한 시민 등을 마구잡이로 검거하여 순화교육이라는 미명하에 군부대 내에서 가혹한 훈련을 받게 해 다수의 희생자를 낸 것을 말한다.

국가보위비상대책위원회는 1980년 8월 4일 각종 사회악을 짧은 시간 내에 효과적으로 정화하여 사회 개혁을 이룬다는 명분으로 **사회악 일소 특별 조치**를 발표하여 폭력·사기·마약 밀수 사범에 대한 일제 검거령을 내리고 계엄사戒嚴司는 포고령 제13호로 이를 시행했다. 이 포고령에 따라 1981년 1월까지 5개월 동안 4차에 걸쳐 6만 755명이 검거되어, 검사·경찰서장·보안사 요원·중앙정보부 요원·헌병대 요원·지역정화위원에 의해 A·B·C·D 4등급으로 분류됐다.[55] A급 3252명은 군법회의에 회부되고, B급과 C급 3만 9786명은 각각 4주 교육 후 6개월 노역, 2주 교육 후 훈방에 처해졌으며, D급 1만 7717명은 경찰서에서 훈방됐다.

---

[55] A급은 조직 폭력·공갈·치기배의 수괴 또는 중간 간부급, 상습 폭력배 중 폭력 실형전과(實刑前科) 2범 이상, 기타 흉기를 소지한 극악한 자, 강도·절도·밀수·마약의 현행범 등으로 이들을 구속하여 군재(軍裁)에 회부하거나 검찰에 송치했다. B급은 조직 폭력·공갈 치기배의 행동대원, 기타 경제·정치 폭력배, 상습 도박·사기·폭력 우범자, 강도·절도·밀수·마약 전과자로서 재범(再犯)의 위험성이 있는 자와 기타 이에 준하는 자 등으로 군부대(軍部隊)에 인계하여 4주간 순화교육 후 6개월마다 본인의 죄질 및 개과천선(改過遷善)의 정도를 참작, 재심사 분류하여 사회에 복귀시켰다. C급은 폭력 사실이 경미하고 우발적인 범죄자와 B급 해당자 중에서 정상이 참작된 자로서 군부대에서 순화교육 후 사회에 복귀시켰고, D급은 초범으로 극히 사안이 경미하고 정상적인 학생이나 소년으로 직업과 거주가 일정하여 개전(改悛)의 정(情)이 현저하고 재범(再犯)하지 않겠다는 본인의 서약과 후견인의 보증으로 받고 훈방했다(국가보위비상대책위원회 편, 위의 책(1980), 41~42쪽 참조).

삼청교육대의 가장 큰 문제점은 삼청교육의 대상자로 분류됐던 사람들을 마구잡이로 검거했을 뿐만 아니라 당사자들이 소명疏明할 수 있는 반론권이 전혀 부여되지 않았으며, 군부대 입소 후 가혹행위로 인해 인권을 유린당했다는 점이다. 삼청교육대 사건은 광주 항쟁 유혈 진압과 함께 1980년 정권을 불법적으로 찬탈한 신군부가 저지른 가장 야만적인 인권탄압 사례이다. '깡패 순화'라는 명목으로 무고한 시민까지 마구잡이로 잡아다가 몇 달씩 혹독한 구타와 고문을 일삼았다.

1988년 노태우 대통령은 특별담화를 발표해 삼청교육대 피해자들의 명예 회복과 보상을 약속한 바 있다. 그러나 국회에 상정됐던 '삼청교육 피해자의 명예회복 및 보상에 관한 법률'은 10년을 끌다가 결국 통과되지 못했다. 법원에 낸 보상 소송들도 시효가 만료됐다는 이유로 받아들여지지 않았다. 김대중 정부에 들어와 2000년에 '민주화운동 관련자 명예 회복 및 보상 등에 관한 법률'이 만들어졌으나, 삼청교육대 피해자는 포함이 되지 않았다.[56]

삼청교육대 피해자에 대한 국가배상과 관련해 "국가가 피해 보상을 약속하고도 지키지 않은 데 대해 위자료를 지급해야 한다"라는 대법원 판결이 나왔다. 2001년 7월 11일 대법원 1부(주심 서성 대법관)는 삼청교육 피해자인 김 아무개 씨 등 다섯 명이 낸 소송에서 1980년 교육 피해에 대해서는 청구 시효가 소멸됐다고 판단하면서도, "정부가 대통령 담화를 통해 피해 보상을 해 주겠다고 약속하고 지키지 않아 정신적 고통을 준 사실이 인정된다"라며 일인당 1000만~1300만 원씩 지급하라

56 「〔사설〕삼청교육 피해자 보상해야」, 《한겨레》 2001년 8월 11일 자, 4면 참조.

고 판결했다.[57]

전두환 신군부의 삼청교육캠프의 운영은 헌법상의 신체의 자유 등을 침해한 위헌·위법 행위였다. 구체적으로 이는 법의 절차를 위반한 불법적 검거였으며, 무죄 추정의 원칙을 위배했고, 강제노역의 부과 문제가 발생했으며, 재판을 받을 권리와 일사부재리의 원칙을 침해했다.

1980년 전두환을 비롯한 신군부가 자신들의 권력 찬탈을 합리화하고자 자행한 삼청교육캠프의 운영으로 인한 인권침해는 그 어떠한 이유로도 그 정당성을 찾을 수 없다.[58]

표현의 자유를 통제하는 지배 수법:
필화 사건과 금지곡

조선시대 사대부를 비롯한 지배층은 고려 민중들 사이에서 널리 알려지고 회자된 고려가요를 남녀상열지사 男女相悅之詞로 분류해 배척했다. 남녀 간의 사랑을 노골적이고 대담하게 노래하고 있다는 이유에서였다.[59] 하지만 배척의 그 이면에는 전 왕조를 무너뜨리고 권력을 찬탈

---

[57] 「삼청교육대 보상길 열려」,《한겨레》 2001년 7월 12일 자, 15면;「"삼청교육대 위자료 달라" 피해자들 집단소송 추진」,《한겨레》 2001년 8월 10일 자, 15면 참조.
[58] 이철호, 「1980년 삼청교육대 인권침해사건과 해결방안」,『삼청교육대 피해자의 명예회복 및 피해배상특별법 제정을 위한 대토론회』세미나 자료집(삼청교육대인권운동연합, 2001), 52쪽.

142

한 조선 개국 세력이 정권의 정통성과 사대부의 권위를 확립하기 위한 수단으로 고려시대의 민중문학을 '남녀상열지사'라는 딱지를 붙여 '금지곡'으로 낙인찍고 배척했다는 점이 있다.

근대국가가 성립된 이후 독재 정권은 불법적인 권력 찬탈을 합리화하거나 불안정한 정권을 유지하고자 모든 것을 감시하고 통제하며 규제하는 수법을 동원했다. 건전하지 않은 노래나 문학작품은 국민을 보호한다는 명목으로 검열檢閱하고 금지곡이나 외설猥褻이라는 딱지를 붙여 규제했다. 그러나 문학작품이나 대중가요에 대한 검열의 진짜 목적은 권력이나 권력자에 대한 저항과 비판, 풍자를 막는 데 있었다.

불법적인 집권이나 헌정 유린, 인권침해 등 권력에 비판적인 문학작품이나 권력자를 풍자하는 신문 칼럼과 문학작품은 가차 없이 필화筆禍 사건을 겪었고, 권력에 대항하는 노래는 금지곡[60]이 됐다. 언론인과 문인이 필화 사건 등으로 독재 권력에 괘씸죄로 걸리면 소위 '남산'으로

---

59 〈쌍화점(雙花店)〉, 〈이상곡(履霜曲)〉, 〈만전춘(滿殿春)〉 등이 대표적이다. 〈이상곡〉은 임을 향한 애절함을 표현한 서정시에 가깝다. 〈만전춘〉은 성 표현이 노골적이기는 하나 절절한 연가(戀歌)라고 할 수 있다.

60 한 일간지는 금지곡에 대하여 다음과 같이 적고 있다. "태양은 묘지 위에 붉게 타오르고……" 대중가요 〈아침이슬〉의 한 대목이다. 이 노래가 1970년대 금지곡이 됐던 것은 가사 때문이었다. '묘지'는 남쪽 군사정부를, '태양'은 북쪽의 지도자 김일성을 가리킨다고 해서 못 부르게 했다. 이 노래는 1987년 6.29선언 몇 달 뒤에 해금됐다. 꼬박 15년 만이었다. 1969년 〈늦기 전에〉, 〈월남에서 돌아온 김상사〉로 가요계에 등장한 김추자는 당시 파격적인 섹시함을 선보이며 〈님은 먼 곳에〉로 가요계 정상에 올랐다. 그러던 어느 날 〈거짓말이야〉를 부를 때 흔드는 손동작이 북한 공작원에게 보내는 수신호라는 소문 때문에 1975년 정부에 의해 금지곡이 됐다. 이보다 앞서 1963년 이미자의 〈동백아가씨〉는 여인의 깊은 한과 애상을 간절히 드러낸 노래였지만 일본풍이라는 이유 때문에 금지곡이 됐다. 이밖에도 송창식의 〈왜 불러〉, 〈고래사냥〉은 1975년 개봉된 영화 〈바

불리던 서슬 퍼렇던 정보기관에 끌려가 고초를 겪고 구속됐다. 심지어 연예인 중에는 강제 입대를 당한 사람도 있다.[61] 전두환 신군부 아래서 어떤 가수는 유력 야당 정치인과 고향이 같다는 이유로 방송 출연이 막히고, 어떤 탤런트는 대통령이 된 쿠데타의 주역과 외모가 닮았다는 이유만으로 장기간 텔레비전 출연을 정지당하던 무서운 세월도 있었다.

필화 사건

전두환 군부 집권기의 대표적인 필화 사건으로는 '한수산 필화 사건'을 들 수 있다. 한수산 필화 사건은 1981년 《중앙일보》에 소설 『욕망의 거리』를 연재하던 작가 한수산과 《중앙일보》 권영빈 편집위원, 도서출판 고려원 편집부장 겸 시인 박정만 등 여섯 명이 서빙고동 보안사 대공분실로 연행돼 고문 등 가혹행위를 당한 사건을 말한다. 『욕망의 거리』는 1970년대를 배경으로 경제 성장기에 겪어야 했던 주인공들의

보들의 행진〉에서 경찰의 두발 단속을 피해 도망치는 장면에서 배경음악으로 썼다는 이유로 하루아침에 금지곡 리스트에 올랐다. 우리 가요계에서 1965년 이후 금지곡으로 묶인 노래는 837곡에 이른다. 대부분 유신의 상징이었던 1975년 대통령 긴급조치 9호로 인해 취해진 조치이다. 서슬 퍼런 독재 시대에 가요계로선 구속을 피해 금지곡이 된 것에 감지덕지해야 했던 때였다(「금지곡」, 《대전일보》 2011년 8월 25일 자, 23면 참조).

61 "1970년 형(조영남)은 '김시스터즈 내한 공연' 무대에 게스트로 섰다. 미국 빌보드 차트 순위에 오를 만큼 인기가 많았던 걸 그룹 공연인지라 고위 관리도 많이 찾은 자리였다. 여기서 형은 〈신고산 타령〉 가사를 즉석에서 바꿔 "와우 아파트 무너지는 소리에 얼떨결에 깔린 사람들이 아우성을 치누나"라고 불렀다. 서울 와우아파트가 입주 20여 일 만에 무너져 33명이 사망한 사건을 암시하는 노래였다. 영남 형은 '괘씸죄'에 걸려 입대했다"(「윤형주, 〔세시봉, 우리들의 이야기〕 〈28〉 '엉뚱함의 최고봉' 조영남」, 《조선일보》 2011년 10월 29일 자 참조).

정신적 공황을 그린 작품인데, 지엽적인 묘사가 대통령을 비롯한 최고 위층을 모독하고 군부 정권에 대한 비판의식을 담고 있다는 혐의를 받았다.[62] 한수산 필화 사건은 '국방부 과거사진상규명위원회'가 보안사의 자료를 조사한 결과 연재소설의 일부 내용을 신군부 측이 문제 삼은 데서 비롯된 것으로 확인됐다.[63]

당사자들의 증언에서도 그 실체를 읽을 수 있다. 한수산 필화 사건 당시《중앙일보》편집위원이었던 희생자 정규웅은 "새 정부와 군사 정치의 막강한 힘을 과시해 보자는 의미 이상의 아무것도 아니었다. 우리들은 그들이 보여 주고자 한 '본때'의 희생자였다"라고 말했다. 또한

---

[62] 작가 한수산 씨는 장편소설『용서를 위하여』(해냄출판사, 2010)라는 신작에서 1981년《중앙일보》에 장편『욕망의 거리』를 연재하던 어느 날 갑자기 연행되고 혹독한 매질과 전기고문, 물고문 등을 겪으며 고초를 치렀던 일을 풀어 놓는다.

[63]《중앙일보》1981년 5월 14일 자 연재소설『욕망의 거리』중 "어쩌다 텔레비전 뉴스에서 만나게 되는 얼굴, 정부의 고위 관리가 이상스레 촌스런 모자를 쓰고 탄광촌 같은 델 찾아가서 그 지방의 아낙네들과 악수를 하는 경우, 그 관리는 돌아가는 차 속에서 다 잊을 게 뻔한데도 자기네들의 이런저런 사정을 보고 들어주는 게 황공스럽기만 해서 그 관리가 내미는 손을 잡고 수줍게 웃는 얼굴……"이라는 부분이 문제가 됐다. 이어 같은 해 5월 22일 자에 어느 회사 수위를 묘사하면서 "월남전 참전 용사라는 걸 언제나 황금빛 훈장처럼 자랑하며 사는 수위는 키가 크고 건장했다. …… 그 꼴 같지 않게 교통순경의 제복을 닮은 수위 제복을 여간 자랑스러워하지 않는 눈치였다. 하여튼 세상에 남자 놓치고 시원치 않은 게 몇 종류 있지. 그 첫째가 제복을 좋아하는 자들이라니까, 그런 자들 중에서 군대 갔다 온 얘기 빼놓으면 할 얘기가 없는 자들이 또 있게 마련이지"라는 대목도 신군부 측을 화나게 만들었다. 보안사는 두 내용을 "각하(전두환)의 탄광촌 순방을 비유하면서 무슨 건의를 하든 간에 돌아가는 차 속에서 모두 잊어버린다는 불신감 조성의 목적의식이 뚜렷하고 군(경)·민간을 은 연중 이간시키려는 의도가 엿보인다"는 식으로 파악했다는 관련 문건을 기무사령부에서 찾아냈다고 '국방부 과거사진상규명위원회'는 설명했다(「한수산 필화사건은 "불신감 조성 인식 탓"」,《연합뉴스》2007년 10월 25일 자).

소설『욕망의 거리』연재가 끝난 뒤 단행본 내는 문제를 상의하려고 한수산을 한 번 만났을 뿐 그와는 생면부지였던 당시 출판부 기자 이근성은 "언론계·문화계·학계 등에서 일고 있었던 전두환 정권에 대한 반대 움직임을 견제하려고 했던 것 같다. 짧은 시간에 집중적으로 고문을 가한 것으로 미뤄 우리를 본보기로 다른 사람들을 겁주려는 시도였다"라고 증언했다.[64]

'오홍근 기자 테러 사건' 또한 군사독재 시대의 치부이고 청산해야 할 과제이다. 시대가 바뀌어도 독재에 기생하던 부류들은 여전했다. 아니, 발악했다. 그들의 지배 구조와 지배 수법이 위협받자 일으킨 대표적 사건이 바로《중앙경제신문》'오홍근 기자 테러 사건'이다.

'오홍근 기자 테러사건'은 1988년 8월 6일 당시《중앙경제신문》(《중앙일보》자매지) 사회부장이었던 오홍근이 출근길에 집 앞 영동대로 변에서 정체불명의 괴청년 세 명이 휘두른 흉기에 허벅지가 찔리는 테러를 당한 사건을 말한다. 오홍근 부장이《월간중앙》에 연재한 「청산해야 할 군사문화」라는 칼럼에 불만을 품고 정보사령부 장교들이 사령관의 결재까지 받아 테러를 자행한 것이다.[65]

당시 오홍근 부장은 복간된《월간중앙》1988년 4월호부터 「오홍근이 본 사회」라는 제목으로 군에 대한 비판적 시각으로 칼럼을 연재했고, 8월호 「청산해야 할 군사문화」라는 칼럼에서 "우리 사회의 여러 문제가 군사문화의 병폐에서 기인했다"라고 지적했다. 오홍근 부장의 칼

---

[64] 「"소설이 그 '미친 사건'의 전주 될 줄 몰랐다": 기자와 필화 (1)한수산 필화사건」,《기자협회보》, 2008년 8월 20일 자.

럼 내용에 불만을 품은 육군정보사령부 장성의 지시로 저질러진 이 사건은 군의 위신과 신뢰에 큰 손상을 입혔으며, 민주화 과정에서 민·군 간의 갈등이 표출된 상징적인 사건이었다.[66]

---

65 오홍근 기자는 정보사령부 테러 이후 회사에서 위로 휴가를 받고 해외여행을 다녀왔다가 놀라운 사실을 뒤늦게 알게 됐다. "당시 경영진이 제가 없는 동안 군 실력자들을 차례로 만나 '손이 발이 되도록 사죄했다'고 하더군요. 군인들이 회칼로 언론인을 도륙했는데, 왜 피해자 쪽에서 사과하고 다녀야 하는지 못 견디게 괴로웠고 부끄러웠습니다"라고 한 일간지와의 인터뷰에서 회고하고 있다(「'비판언론에 회칼테러' 망령은 계속된다」, 《한겨레》 2008년 8월 7일 자 참조). 언론사 사주와 경영진의 자세를 다시 돌아보게 하는 사실이다.

66 육군정보사령부 예하부대장 이규홍 준장은 오홍근의 《월간중앙》 8월호 칼럼에 분개해 1988년 7월 22일 부하 박철수 소령에게 "오 부장을 혼내주라"라고 지시했고, 박 소령은 부하인 안선호 대위와 남정성, 김웅집, 이우일 하사 등 네 명의 행동대원을 동원해 사전 답사를 거쳐 구체적인 범행 계획을 수립했다. 박 소령은 8월 2일 이 준장에게 범행 계획을 보고한 뒤 4일 하사 세 명에게 소속 부대에서 사용하는 길이 25센티미터의 칼을 나누어 주고 "죽이지는 말고 혼만 내라"라고 지시했다. 범행 당일인 8월 6일 안 대위는 하사 세 명과 함께 오전 여섯 시쯤 서울1라 3406호 포니2 승용차를 타고 현장에 도착했고, 박 소령은 오전 일곱 시쯤 서울1거 6873호 포니엑셀 승용차를 타고 현장에 합류해 오 부장을 테러했다. 이 준장은 범행 이틀 후인 8월 8일 사령부 참모장 권기대 준장에게 관련 사실을 통보했고, 권 준장은 목격자들이 진술한 '서울1라 3406호 포니2' 운행 일지를 변조하도록 지시하는 등 증거 인멸을 시도했다. 육군정보사령관 이진백 소장은 범행 발생 닷새 후인 11일 이 준장과 권 준장으로부터 사건 전모를 보고받고도 묵인한 것으로 드러났다. 국방부는 이규홍 준장과 박철수 소령, 안선호 대위와 세 명의 하사는 '폭력행위 등 처벌에 관한 법률' 위반 혐의로, 권대기 준장은 증거 인멸 혐의로 각각 구속하고 이 사령관은 직위 해제했다. 그러나 사건이 육군보통군사법원 검찰부로 넘어간 뒤 구속기소 돼 재판에 회부된 사람은 범행을 지시한 이 준장과 박 소령, 행동책 안 대위 등 세 명뿐이었다. 범행을 직접 저지른 세 명의 하사관은 "상관의 명령에 따랐다"라는 이유로 기소유예로 풀려났으며 이진백 정보사령관과 권대기 준장은 지휘 책임을 물어 예편 조치가 됐다. 그해 9월 29일 열린 첫 공판에서 이 준장과 박 소령에게 각각 징역 3년, 안 대위에게 징역 2년이 구형됐다. 그러나 그해 10월 10일 육군보통군사법

앞에 기술한 대표적인 사건에서 보더라도 필화 사건과 언론인에 대한 테러는 전형적인 독재 정권의 권위주의 통치 수법 가운데 하나이다. 예나 지금이나 독재 정권이든 군부 정권이든 필화 사건을 통해 그들이 얻고자 한 것은 자신들에게 비판적이거나 비협조적인 인사들에 대한 '시범 케이스'로서의 고문拷問과 가혹행위 등 폭력을 통한 겁주기와, 언론과 지식 사회에 대한 '재갈 물리기'로서의 독재 정권의 권위주의 통치 지배 방식 그 이상도 그 이하도 아니다. 또한 자신들의 말을 듣지 않거나 협조하지 않는 인사들과 단체에는 무자비한 폭력을 행사하는 수법으로 통제하고 지배해 왔다.

그 대표적인 사건이 1980년 한국 불교계 최대의 수모요 수난이라 할 수 있는 10.27 법난法難이다. 당시 조계종 총무원장인 송월주 스님이 보안사 등 신군부 측의 전두환에 대한 지지 성명 요구를 거절하자, 송월주 스님의 종단 대표 등록을 문화공보부가 계속적으로 반려하고 수행처인 경향 각지의 사찰과 암자에 난입하여 스님들을 검거하고 고문 등 폭력[67]을 가했다.[68]

신군부의 이른바 불교정화 작전명은 '45계획'이었다. 조계사 주소인 '서울 종로구 견지동 45번지'를 딴 것이다. 신군부의 합동수사단은

원 심판부는 이 준장과 박 소령에게 징역 1년에 집행유예 2년, 안 대위에게 선고유예 판결을 내렸다. 고등군사법원은 그해 12월 28일에 열린 항소심 선고 공판에서 이 준장과 박 소령에게 징역 1년, 집행유예 2년을 선고한 원심을 깨고 선고유예 판결을 내렸고, 안 대위에 대한 검찰의 항소를 기각했다. 그리고 이 판결은 1989년 1월 12일 자로 확정됐다(「군(軍)문화 비판 칼럼에 분개… 대로변서 칼부림 '보복' : 기자와 필화 〈4〉 중앙경제신문 오홍근 부장 테러사건」, 《기자협회보》, 2008년 11월 26일 자).

10.27 법난 이전부터 불교계를 정화한다는 구실을 내세워 종단 지도부를 와해하려 했다. 이 시나리오에 따라 1980년 10월 27일 조계종 스님과 불교계 인사 153명이 연행됐고, 10월 30일에는 군경 합동 병력 3만

---

67 1980년 10월 27일 새벽 아침 공양을 하고 있었다. 한 떼의 군인들이 우르르 군화를 신은 채 들어왔다. 합동수사단으로 끌고 가 가사 장삼을 벗기고 죄수용 군복을 입혔다. 25일간 구금한 채 구타는 물론 각목으로 오금 치기, 손가락 사이에 볼펜 넣고 죄기 등 온갖 가혹행위를 했다. 육두문자와 함께 수시로 뺨을 때렸다. 내가 그래도 수행을 해왔고 스님인데…… 몸도 괴로웠지만 더 고통스러운 것은 정신적인 모멸감이었다. …… 지선, 중원 등 30~40여 명의 스님은 경기 남양주 흥국사로 끌려갔다. 이른바 '불교판 삼청교육대'다. 육체적 고통은 세속의 삼청교육대에 비해 덜했다지만 강제적인 기도와 참선, 정신교육이 이어졌다. 수행자들에게는 씻을 수 없는 치욕이었다(「[나의 삶 나의 길/송월주 회고록] ③ 끝나지 않은 법난(法難)」, 《동아일보》 2011년 11월 4일 자, 35면 참조).

68 문공부 관리에 이어 종단을 출입하던 보안사 직원이 찾아왔다. 그는 '총무원장 송월주' 이름으로 '구국 영웅 전두환 장군을 대통령으로 추대합니다'라는 성명을 내라고 부탁했다. 각계에서 이런 지지 성명이 쏟아질 때였다. 그것이 시류였고 시대를 살아가는 처세였다. 노골적으로 싫다고 할 수 없어 "정교(政教) 분리 원칙을 지켜야 한다"라며 거절했다. 그랬더니 다시 찾아와 내 이름을 뺀 총무원 명의는 어떠냐고 했고, 다시 1999년 총무원장이 된 당시 사회부장 정대 스님을 통해 또 요구해 왔다. 그래도 자주 개혁을 표방하는 제17대 총무원의 이름을 팔 수는 없었다. …… 당시 실력자로 부상한 이철희, 장영자 씨 부부와의 '용두관음'에 얽힌 사연도 있다. 나를 전두환 장군에 비유한 그 관리가 9월경 방문했다. "장영자 씨가 모시고 있는 용두관음 불상이 있는데, 그 불상을 모시고 여의도광장에서 스님 수천 명과 신도 100만 명이 모이는 호국기도회를 했으면 합니다. 이철희 씨가 대회위원장을 맡고, 경비 5억 원은 그쪽에서 부담합니다. 아마 대표 등록 문제도 풀릴 겁니다." 말이 호국기도회지 전두환 장군을 위한 이철희·장영자 부부의 충성극이 뻔했다. 그래서 "이철희는 신도회장도 아니고, 대회를 한다면 최재구 신도회장이나 내가 해야 한다"라며 거절했다. 법난 직전 총무원을 찾은 이환의 전 MBC 사장의 경고도 기억난다. 그는 "직원들을 광주에 보내지 말라고 했는데 취재를 시켜 사장직에서 강제로 물러나게 됐다. 스님은 아직 (무사해) 다행이다"라며 걱정했다. 그로부터 며칠 뒤 법난이 터졌다(「[나의 삶 나의 길/송월주 회고록] ②80년 광주와 함께한 불교」, 《동아일보》 2011년 11월 3일 자 참조).

2000여 명이 전국 사찰 및 암자 등 5700여 곳을 군홧발로 짓밟았다.[69]

수평적 정권 교체 후 과거 청산 일환으로 출범한 국방부 과거사진상 규명위원회는 2007년 10.27 법난에 대하여 '불교정화와 스님으로 위장한 불량배 일소'라는 1980년 전두환 신군부 합동수사단의 수사 결과와는 달리 법난의 주요 원인으로 신군부가 전두환 보안사령관의 대통령 추대 지지를 거부한 조계종에 반감을 갖고 있었다는 점을 지적해 발표했다.[70]

불교 조계종 전前 총무원장 월주 스님과는 달리 지식인, 종교지도자 등 각 분야에서 지도급 인사를 자처한 이들이 신군부의 지지 요구에 비열하게 굴종하고 비겁하게 아첨하는 추태를 부리며 전두환의 나팔수로 일신의 영광을 누렸다.

시간이 한참 흐른 지금까지도 자신들의 과거 행적에 대하여 반성하거나, 참회를 구하는 이는 단 한 명도 없다. 전두환 체제의 나팔수들은 행정 기술로서 헌정 파괴의 쿠데타를 보완했고, 일부 법조 관료는 쿠데타의 정당화와 합법화에 온갖 법 기술과 법 이론을 총동원했다. 일부 언론사 사주와 언론인은 광주 민주화운동 지도부와 희생자 등 민주 투사를 폭도로 매도하는 반역의 나팔수 노릇을 했다. 대학 강단의 학

---

69 노태우 전 대통령은 최근 발간한 회고록에서 보안사령관으로 합동수사본부장을 겸하고 있던 자신이 불교 정화(淨化)를 지시한 '10.27 법난'의 책임자라고 고백했다〔노태우, 『노태우 회고록』(조선뉴스프레스, 2011) 참조〕.

70 1987년부터 불자와 불교계의 10.27 법난 피해 보상과 명예 회복의 요구에 따라 2008년 3월 '10.27 법난 피해자의 명예회복 등에 관한 법률'이 제정 공포되고, 2008년 말 '10.27 법난피해자명예회복심의위원회'가 발족해서 활동하고 있지만 위원회의 활동 시한 등 한계가 많다.

자, 교수라는 이들은 학설을 팔고 양심을 팔아 일신의 영달을 꾀하는 추태를 부렸다. 일부 지도급 문화예술인들은 일제강점기부터 대를 이어서 이승만과 박정희를 찬미하던 행동 그대로 피 묻은 반역의 무리를 미화했다.[71]

금지곡

독재 정권에서 금지곡이 된 사유는 가사 퇴폐, 불신감 조장, 창법 저속, 왜색, 불건전 가요, 품위 없음, 애상·허무·비판 조라는 이유 등이다.

독재 정권 아래서 불신감 조장이라는 사유로 금지된 노래들은 개인의 불신감보다는 당시 박정희 정권의 장기 집권 조치와 관련되어 정권의 모든 발표나 공약들이 거짓말이라는 불신감을 조장할까 봐 염려하여 취해진 것으로 추정된다.[72] 전두환 신군부가 권력을 찬탈하여 출발한 제5공화국은 '광주사태'라고 불렸던 광주 민주화운동으로 말미암아 민주화 세력으로부터 많은 저항을 받게 됐고, 이러한 사회적 상황은 자연히 노래에도 반영됐다. 곧 1980년대는 1970년대와 달리 '민중가요'라는 저항 가요가 등장하고 운동권을 중심으로 노래 운동이 전개되면서, 정권은 노래에 대한 통제를 지속하게 된다.[73]

박정희의 유신 독재 체제 아래에서는 금지곡이 쏟아졌다. 1961년 5.16 쿠데타 이후, 문화계에 각종 윤리위원회가 설치됐고, 이에 따라

---

71 전두환 신군부 쿠데타에 편승한 지식인들이 나팔수 노릇을 한 행적은 한상범·이철호, 앞의 책(2004) 참조.
72 문옥배,『한국 금지곡의 사회사』(예솔, 2004), 116쪽.
73 위의 책, 105쪽.

1962년 6월 14일 방송윤리위원회가 설치됐다. 방송윤리위원회는 설치 당시 비非방송인과 방송국 책임자로 구성된 자치단체였으나, 이듬해인 1963년 방송법이 제정되면서 1964년에 법정기구로 바뀌었다.

방송윤리위원회는 프로그램 제작 관계자에게 견책 근신 · 출연 정지 · 집필 정지 등의 제재를 요구할 수 있는 권한을 가지고 있었다. 1960년대는 '방송의 시대'라고 할 만큼 방송의 역할이 막중한 위치에 올라섰다.[74] 이에 따라 방송윤리위원회는 1965년 11월에 전문적인 분야에 대한 공정한 심의를 표방하며 가요자문위원회를 설치하고, 위원장에 이홍렬, 부위원장에 박시춘, 위원으로 예술음악계와 대중음악계의 인사 열다섯 명을 두어 방송가요에 대해 광범위한 심의를 실시하기 시작했다. 곧 한국문화예술위원회 · 공연윤리위원회의 '음반사전심의제'와 함께 또 하나의 통제 장치라는 '음악방송심의제'를 본격적으로 시행했다.

1972년 10월 17일 유신헌법 선포 이후 KBS, MBC, TBC 각 방송사는 공연윤리위원회의 가요 심의가 있음에도 불구하고 대중가요에 대한 자체 심의제를 실시하여 이른바 눈물, 한숨 등이 내포된 노래는 삭제하고 건전 가요만을 방송했으며, 음반사는 건전 가요 대 상업가요 음반의 비율을 8 대 2로 발매했다. 1975년 긴급조치 9호의 발표 후에는 방송 프로그램의 사전 심의를 통하여 정부나 유신헌법에 대한 비판을 통제했다. 1975년 5월 23일에는 방송정화실천요강을 발표했다.[75] 1975년 5월 긴급

---

[74] 1966년 KBS가 전국 텔레비전 방송을 개시했고, 1964년에는 TBC, 1969년에는 MBC가 텔레비전 방송국을 개국했다. 또한 KBS, MBC, TBC 세 방송국 모두 음악 방송 위주인 FM라디오 방송을 시작했고, 대중가요를 송출하는 시간대에는 시청자들의 청취율이 굉장히 높았다.

조치 9호가 선포되고 문화공보부가 '공연활동의 정화 대책'을 발표하면서 '금지곡 리스트'가 만들어졌다. 국가 안보와 국민 총화에 악영향을 주거나 외래 풍조를 무분별하게 도입하고 모방한 것, 패배적 · 자학적 · 비관적인 내용, 선정적 · 퇴폐적인 것이라는 딱지가 붙은 노래들이었다.

1980년 전두환 군사정권이 출범하고서도 금지곡 지정은 계속됐다. 지금 생각하면 얼토당토않은 이유들이었다. 대표적인 운동권 노래였던 김민기의 〈아침이슬〉은 그렇다 치더라도, 송창식에게 10대 가수상을 안긴 〈왜 불러〉나 〈고래사냥〉까지 한동안 방송을 타지 못한 것은 너무 심한 조치였다. 양희은의 〈작은 연못〉은 가사가 불온하다는 이유로 금지곡으로 지정된 뒤 오히려 운동권 학생들의 입에 오르내렸다.[76]

1980년대에는 박정희의 유신정권이 종말을 맞이하고, 제1공화국이라는 새로운 정권이 들어섰다. 제5공화국 정권은 대대적인 언론 탄압을 단행하여 언론인의 대량 해직과 언론사 통폐합을 시행했다.[77] 뿐만 아니라 계엄령 해제 후에도 언론을 제도적으로 통제하기 위해 1980년

---

75 문옥배, 앞의 책, 102~104쪽 참조.

76 「[설왕설래] 금지곡」, 《세계일보》 2011년 8월 23일 자 참조.

77 1980년 7월 초 보안사 준위 이상재는 각 언론사에 파견된 보안사와 중앙정보부, 치안본부 요원 등으로부터 넘겨받은 검열 거부자, 제작 거부자, 포고령 위반자 명단 90명을 취합하고 작성해 당시 보안사 정보처장 권정달에게 보고했다. 이것이 보안사가 최초로 만든 해직 언론인 살생부였다. 그 뒤 이상재에 의해 문제가 있는 것으로 찍힌 기자는 언론계에 붙어 있을 수가 없게 됐다. 1980년 7월 29일과 7월 31일 한국신문협회와 한국방송협회가 각각 '자율정화결의문'을 발표한다. 군부의 강요에 의해서가 아니라 자율적으로 언론인 숙청을 추진하는 형식을 취한 것이다. '자율정화결의문발표'와 함께 본격적인 대학살이 자행되기

12월 31일 언론기본법을 공포했다.[78] 이에 의해 방송윤리위원회는 방송심의위원회로 그 명칭이 변경되면서 음악 방송에 대한 심의 업무도 이어받게 되어, 1980년대에도 1970년대까지의 정부에 의한 음악방송의 통제와 동일한 방식으로 노래의 통제가 이루어졌다.[79, 80]

시작했다. 언론인 학살극이 끝나고 동년 8월 16일 당시 이수성 문공부 공보국장이 작성한 공식 문건인 '언론인 정화 결과'에 의하면 희생자는 총 933명으로 나타났다. 이 과정에서 보안사 언론 대책반이 소위 '정화 조치'를 요구한 해직 대상자는 모두 336명이었다. 그러나 이 중 38명은 '군사정권에 절대 충성하겠다'는 등의 각서를 쓰고 '구제'되어 실제로 보안사가 작성한 명단에 의해 해직된 언론인은 298명이었다. 나머지 635명은 보안사의 정화 조치 요구에 편승해 언론사주가 소위 '끼워 넣기'를 한 것이다. 국가보위비상대책위원회는 언론인 대학살로 언론계에서 저항의 싹을 완전히 제거하고, 언론을 정권 유지의 도구로 만든 전두환 군부는 1980년 11월 언론 통폐합에 나선다. 언론인 해직이 보안사의 주도 아래 이루어진 것이라면, 통폐합은 《조선일보》출신 허문도의 끈질긴 건의에 의해 행해졌다. 언론사의 통폐합은 1980년 11월 12일에 시작되어 11월 30일까지에 걸쳐 거침없이 수행됐다. 1980년 11월 12일 해당 언론사 대표들은 정부 기관에 소환되어 각각 신문사·방송사의 통폐합 통고를 받고, 이를 수락하는 각서에 서명하고 귀가했다. 1980년 11월 14일 신문협회와 방송협회는 임시 총회를 열고 언론계의 전반적인 구조 개편을 내용으로 하는 '건전 언론 육성과 창달에 관한 결의'를 채택해 통폐합 등 7개항의 실천 방침을 표명했다. 이에 따라 전국 64개 언론사 가운데 신문 14, 방송 27, 통신 7개 사가 통폐합되어 언론사는 23개 사로 줄어든다. 이 언론 통폐합으로 또다시 711명의 언론인 숙정과 《창작과비평》·《문학과지성》·《뿌리깊은 나무》 등 172개 정기간행물이 폐간됐으며, 동아방송과 동양방송은 KBS로 통합되고, 합동통신과 동양통신이 합병되어 연합통신으로 발족했다. 지방지는 1도(道)1지(紙)라는 군국주의 일본의 말기 정책을 답습하여 지역신문을 통합하고, 중앙지의 지방 주재 기자는 철수시켰다. 아울러 시사·경제 등 군소 통신사를 문 닫게 했다(이철호, 「한국에서의 「위헌적 입법기구」에 관한 연구: 1961년, 1972년 및 1980년의 정변에 대한 헌법적 분석」, 동국대학교 박사학위 논문, 2002년 2월, 123~125쪽 참조).

[78] 1980년 전두환 신군부의 언론사 통폐합 진상에 대해서는 당시 문화공보부 재직 중 '보도검열단'과 '합동수사본부', '언론대책반'에 소속되어 언론 압살 현장

사법살인을 통한
정적 제거 지배 수법

역대 정권은 통일론을 정권 유지의 보도처럼, '양날의 칼'처럼 행사했다. 한쪽 날은 정권 안보용으로, 다른 쪽 날은 정적과 비판 세력 제거용으로 이용해 왔다. 우리 현대사 속에서 시대를 앞서가다 수난 받은 통일론은 적지 않다. 대표적인 통일론으로는 김구의 '남북통일정부 수립론', 조봉암의 '평화통일에의 길', 《민족일보》에서 내건 조용수의 '민족자주통일론', 김대중 '3단계 통일론', 유성환 '국시론' 등을 들 수 있다.[81]

특히, '조봉암 진보당 사건'은 독재 정권이 우리 사회를 지배해 온 지배 수법을 파악할 수 있는, 다시 말해서 사법살인을 통한 정적 제거의 방법과 반공주의 악용의 실상을 파악할 수 있는 전형적인 사례이다.

진보당 조봉암 사건

1952년 제2대 대통령 선거에 무소속으로 출마한 조봉암은 799,000여

을 체험한 김기철, 『합수부(合搜部) 사람들과 오리발 각서』(중앙일보사, 1993) 참조.

79 문옥배, 앞의 책, 105쪽.

80 1987년 11월 28일 **방송법**이 개정되자 1980년대 음악 방송에 대한 통제기구였던 **방송심의위원회**가 폐지되고, 독립적 권한이 부여되는 심의기구·결정기구로서 **방송위원회**가 신설된다.

81 시대를 앞선 '통일론' 주장으로 수난 받은 사례들을 정리한 책으로는 김삼웅의 『통일론 수난사』(한겨레신문사, 1994)를 들 수 있다.

표를 얻어, 523만여 표를 얻어 대통령에 당선된 이승만의 적수가 되지 못했다. 그러나 민국당 조병옥의 득표수가 57만여 표인 점을 감안한다면 조봉암은 이승만의 잠재적 라이벌이었다. 1956년 5월 15일 실시된 제3대 대통령 선거에서 조봉암은 216만 4808표를 얻었고, 이승만은 504만 6437표를 얻었다. 부정선거에도 불구하고 조봉암은 제2대 대통령 선거 때 자신이 얻은 유효 득표수의 약 세 배에 달하는 표를 얻어 총 투표수의 23.9퍼센트를 차지했다. 1952년 제2대 대통령 선거와 비교해 볼 때, 이승만은 득표율은 72퍼센트에서 55.7퍼센트로 낮아진 데 비하여 조봉암은 11.4퍼센트에서 23.9퍼센트로 증가한 것이다.

제3대 대통령 선거의 결과는 조봉암이 이승만의 영구 집권에 걸림돌이 될 수 있음을 보여 주었다. 이승만은 영구 집권이 불안해지자 강력한 정치적 라이벌로 대두된 조봉암을 제거하려고 조봉암과 진보당 간부들에게 간첩 혐의를 씌우며 진보당의 평화통일 주장을 문제 삼아 구속하고 진보당 등록을 취소했다.[82, 83] 진보당 사건은 이러한 정치적 배경하에 1958년 1월 12일 진보당 간사장 윤길중 등 간부 다섯 명이 경찰에 검거되고, 이어 15일에는 조직부장 김기철 등 간부 네 명이 추가 구속됨으로써 확대됐다. 사전에 피신했던 조봉암은 간부진이 모두 구속되자 자진 출두했다. 검찰은 그해 2월 16일 진보당 간부들을 기소했는데, 조봉암은 간첩죄, 국가보안법 위반 및 무기 불법 소지, 윤길중은

---

[82] 이철호, 「진보당사건의 현대적 조명」, 《법과사회》 제16, 17 합본호(법과사회이론학회, 1999) 참조.
[83] 조봉암 사건은 '정권-경찰-육군특무대-검찰-사법부'가 총체적으로 동원된 '정치 테러'였다는 것이 역사적 평가이다.

국가보안법 위반 및 간첩 방조, 그 외 간부들은 국가보안법 위반 혐의였다.

1958년 7월 2일 1심 재판부(재판장 유병진)는 조봉암 피고인에게만 국가보안법 위반죄를 적용하여 징역 5년을 선고하고, 진보당 관계 다른 피고인에게는 전원 무죄를 선고했다. 평화통일론과 간첩 혐의는 모두 무죄였다. 동년 10월 25일 열린 2심 재판부(재판장 김용진)는 조봉암, 양명산에게는 사형을, 다른 피고인에게는 전원 10년에서 20년 사이의 형을 선고했다. 1959년 2월 27일 대법원 상고심(주심 김갑수) 재판부는 조봉암에게 간첩 혐의, 국가보안법 위반죄, 불법 무기 소지 등을 들어 양명산과 함께 사형을, 다른 피고인에게는 무죄를 선고했다.

재판부는 진보당의 강령·정책 등이 합법적이고, 평화통일에 관한 주장도 언론 자유의 한계를 일탈한 것이 아니라고 판시했다. 그러나 진보당은 간첩인 조봉암이 조직한 데다 그가 당수黨首로 되어 있기 때문에 불법이라고 주장했다. 조봉암은 1959년 5월 5일 대법원에 재심 청구서를 제출했으나, 동년 7월 30일 대법원은 조봉암의 재심 청구를 기각하고, 7월 31일 조봉암의 사형이 집행됨으로서 진보당 사건은 끝이 난다. 진보당 사건은 이승만이 자신의 최대 라이벌 정적政敵인 조봉암을 제거하고자 조작한 사건으로 이 사건을 계기로 '평화통일론' 등 통일정책에 대한 공개적인 논의가 중지됐고 혁신정당 활동이 위축됐다.[84]

2009년 9월 진실·화해를 위한 과거사 정리위원회는 이 사건을 "평화통일을 주장하는 조봉암이 이승만 정권에 위협적인 정치인으로 부상

---

[84] 이철호, 앞의 논문(1999) 참조.

하자, 진보당과 조봉암을 제거하려는 의도로 표적 수사에 나서 처형에 이르게 한 반인권적 정치 탄압 사건"이라고 규정했고, 이를 근거로 재심이 청구됐다. 대법원은 2011년 1월 20일 진보당의 당수로 북한과 내통해 평화통일을 주장했다는 혐의로 처형된 죽산 조봉암의 재심 선고 공판에서 대법관 13명 전원 일치 의견으로 무죄를 선고했다. 조봉암이 형장의 이슬로 사라진 지 52년 만에 그가 무죄라는 진실이 밝혀진 것이다.

이승만이 정치 이데올로기로 내세운 '반공주의'는 국가 체제의 보위를 목적으로 한 정책이기보다는 정권 반대자들을 탄압하고 배제하고 말살하는 조치로 전락되고[85] 악용됐다.[86] 이승만은 자기의 의지로 조봉암을 초대 내각의 농림부 장관으로 임명했음에도 불구하고, 그가 자

---

[85] 한상범, 「헌법과 역대정권의 정책 이데올로기: 헌법정치에서 역대정권의 정통성 확보를 위한 상징 창출을 통해 본 문제점」, 《헌법논총》 제5집(헌법재판소, 1994), 205쪽.

[86] 이승만과 자유당 정권은 자신들의 영구 집권에 장애가 되는 것으로 판단되면 방법과 수단을 가리지 않고 폭력을 자행했다. 1952년 합법적인 방법으로 대통령 직선제 개헌안 통과가 불가능해지자 계엄 선포와 동시에 내각제 개헌을 추진하던 핵심 야당 국회의원들에게 '국제 공산당 사건'을 날조하여 체포하고 검거했고, 1954년에는 초대 대통령에 대한 중임 제한을 철폐하여 이승만에게 종신 대통령이 될 수 있도록 하는 개헌안을 통과시키기 위한 작업 도중 개헌안 통과에 자신이 없자, 국회의장인 신익희가 영국 엘리자베스 여왕 대관식에 정부 특사로 참석했다가 귀국하는 도중 인도 뉴델리 공항에서 6.25 당시 납북된 조소앙과 접촉하여 한국에서 비공산(非共産)·비자본주의(非資本主義)의 제3세력을 형성하여 남북 협상을 통한 한국 중립화를 도모하기로 밀담을 나누었다는 '뉴델리 밀담설(密談說)'을 조작하고 연출하여 정적을 용공(容共)으로 날조하기도 했다. 조봉암과 진보당 사건에서는 정적에 대한 이승만의 끝없는 폭력성과 정적 제거에 반공과 간첩 조작 사건을 이용하는 '한국판 매카시즘'의 추태를 남겼다[이철호, 앞의 논문(1999) 참조].

신의 정적으로 떠오르자 그를 공산주의자로 몰아 정치적으로 매장하고자 한 사건이 진보당 사건이다.

《민족일보》 조용수 사건

《민족일보》 조용수 사건이란 1961년 5.16 군사 쿠데타 세력이 당시 '민족자주통일' 등을 내걸고 혁신계의 목소리를 대변하던 《민족일보》를 폐간하고, 사장 조용수를 "북한의 주장에 동조했다"라며 국가보안법 위반 등 혐의로 처형한 사건이다.

4.19 혁명의 열기를 업고 1961년 2월 13일 창간한 《민족일보》는 3만 5000부까지 발행하며 진보 신문으로 급성장했으나, 5.16 군사 쿠데타 사흘 뒤인 5월 19일 제92호를 끝으로 3개월 만에 강제 폐간됐다. 《민족일보》는 남북협상과 경제 및 서신 교류, 학생회담 개최, 중립화 통일 등 당시 혁신계의 주장을 주로 다뤘는데, 5.16 쿠데타 직후 계엄사령부는 조용수 전 사장과 양수정 등 《민족일보》의 주요 인사가 북한의 주장에 동조했다고 보고 '혁명재판'에 회부했다. 1961년 10월 31일 재판부는 조용수·안신규·송지영에게 사형, 이종률·전승택·김영달·조규진·장윤근에게 무죄, 그 외 다섯 명에게 5~10년의 징역을 선고했다.[87] 그 뒤 송지영과 안신규는 대법원에서 무기징역으로 감형됐으나, 조용수는 1961년 12월 21일 당시 32살 나이로 사형됐다.

---

[87] 《민족일보》 전 편집국장이었던 고(故) 양수정은 '특수범죄 처벌에 관한 특별법' 위반 혐의로 기소돼 1심에서 징역 10년, 항소심에서 징역 5년을 선고받았다. 1990년 12월 세상을 떠났으며 아들이 법원에 재심을 청구했다. 사후 20년 만인 2010년 9월 14일 재심에서 무죄판결을 받았다.

'진실·화해를 위한 과거사 정리위원회'는 2006년 11월 《민족일보》 사건에 대한 재심 권고를 결정했다. 위원회는 당시 조용수가 극형을 선고받는 데 큰 구실을 한 '특수범죄 처벌에 관한 특별법'의 적용도 잘못된 것으로 판단했다. 우선 1961년 5월 이 법을 제정하면서 그 이전의 행위에 대해 소급 적용했기 때문이다. 또한 이 법은 정당과 사회단체의 주요 간부를 가중처벌하도록 하고 있으나, 1960년 7월 민의원 선거 때 사회대중당 공천으로 출마했던 조용수가 이듬해 《민족일보》를 세울 당시에는 이미 그 당의 간부가 아니었다는 사실이 문서를 통해 확인됐다. 이와 함께 혁명재판부가 조용수의 유죄를 인정하는 과정에서 《민족일보》가 사회단체라는 근거를 들었지만, 이는 애초 검찰의 기소 내용에 없었던 것으로 새로이 밝혀졌다.

이후 조용수 사장의 동생 조용준은 2007년 4월 법원에 재심을 청구해 2008년 1월 무죄판결을 받아 냈다.[88]

필자들은 《민족일보》 조용수 사장의 억울한 사법살인의 실체적 진실을 밝혀내기 위한 《민족일보》 조용수 사장 40주기 추념 학술회의 세미나에서 발표와 토론을 통해 5.16 쿠데타 세력들이 자신들의 불법적인 헌정 문란 행위를 정당화하고자 제2공화국 당시 통일 논의 등 정론正論

---

[88] 대법원은 2011년 1월 13일 '《민족일보》 사건'으로 체포돼 사형당한 조 전 사장의 유족과 생존 피해자 양실근 씨(79) 등 열 명이 국가를 상대로 낸 손해배상 청구 소송에서 "국가는 조 사장의 유족 여덟 명에게 23억 원, 양 씨 등 두 명에게 6억 원과 이자를 각각 지급하라"라고 판결한 원심을 확정하고 "다만 지연이자 발생 시점은 2심 판결 종결일로 봐야 한다"라고 판결했다. 1·2심 재판부는 산정한 위자료 29억 원 외에 40여 년 동안의 이자 70억여 원을 지급토록 했으나 이번 대법원 판결로 이자 대부분은 받을 수 없게 됐다.

을 주도적으로 이끌던 《민족일보》 조용수 사장을 '사법살인'하여 희생양으로 삼았다는 점을 논구論究하기도 했다.[89] 《민족일보》 사건의 문제점은 이 책의 제5장 「《민족일보》 사건의 법률적 조명」에서 좀 더 자세히 다루겠다.

김대중 내란음모 사건

일명 '김대중 내란음모 사건'도 정적 제거를 위한 전형적인 조작 사건이다. 전두환 신군부가 권력을 장악해 가는 과정에서 당시 가장 유력

---

[89] 필자들은 조용수 사장의 억울한 죽음을 밝히기 위한 《민족일보》 조용수 사장 40주기 추념 학술회의(2001년 12월 8일, 한국기독교회관 2층 대강당)에서 법리적으로 악용된 부분을 밝히는 단초를 제공했다.

《민족일보》 발행인 조용수 사장의 40주기를 앞두고 당시 사형 판결에 참여한 이회창 한나라당 총재가 분명한 태도를 표명해야 한다는 비판이 학술회의에서 공식 제기됐다. 민족일보사건진상규명위원회(위원장 김자동) 주최로 2001년 12월 8일 서울 종로 한국기독교회관 2층 대강당에서 열린 '민족일보 조용수 사장 40주기 추념 학술회의'에서 발제자로 나선 한상범 교수(동국대·법학)는 "조용수 발행인의 사형판결과 집행은 '법살' 즉 사법살인"임이 명백한데도, "재판부의 한 사람이었던 이 총재가 어물쩍 넘어가려는 것은 납득할 수 없는 일"이라고 강도 높게 비판했다. 한상범 교수는 "친일파를 제대로 심판하지 못해 친일파가 독재 정권의 주체로 반세기를 지배해 왔다"라며 "과거를 덮어두는 잘못을 더 이상 되풀이할 수 없다"라고 잘라 말했다. 그는 이어 "공인이자 '대쪽법관'으로 알려진 이 총재는 조 사장에 대한 사형판결이 소신이었는지 아니면 잘못이라고 후회하는지 명확하게 자신의 생각을 밝혀야 한다"라고 강조했다. 그는 "판결문에서 간첩 이영근과의 관계를 장황하게 엮고 있으나 그가 간첩이라는 증거와 조 사장이 연루됐다는 것은 어디에도 없다"라며 "더욱이 간첩이라던 이영근은 사망했을 때 대한민국 정부가 국민훈장 무궁화장을 추서했다"라고 판결의 부당성을 부각했다. 토론자로 나선 이철호 교수(여수공대·법학)는 당시 조용수를 간첩으로 몰아세운 판결이 뚜렷한 증거 없이 이루어진 것이기 때문에 지금이라도 '재심 절차'를 밟아야 한다고 제안했다(「조용수 사장 사형판결 참여 이 총재는 소신 밝혀야」, 《한겨레》 2001년 12월 12일 자, 11면 참조).

한 정치인으로서 자신들의 권력 찬탈에 큰 걸림돌인 김대중을 내란음모 등의 혐의를 씌워 제거하려 한 것이다.

김대중 내란음모 사건은 1980년 전두환 신군부 세력이 김대중을 비롯한 민주화운동가 20여 명을 북한의 사주를 받아 '광주 민주화운동'을 일으켰다는 혐의로 군사재판에 회부한 사건을 말한다. 1980년 5.17 비상계엄확대조치와 함께 내란음모 · 국가보안법 · 반공법 등을 위반한 혐의로 기소된 김대중이 계엄군법회의를 거쳐 1981년 1월 대법원에서 사형 확정판결을 받은 사건이다.

1979년 10월 26일 박정희 대통령이 중앙정보부장 김재규에 의해 피살되면서 유신 체제가 붕괴된 뒤, 김대중은 그해 12월 가택연금에서 해제되고, 1980년 2월 사면 복권됨으로써 정치활동의 전면에 나섰다. 그러나 12.12 군사 반란으로 군을 장악한 전두환을 비롯한 신군부 세력은 1980년 5월 17일 자정을 기해 비상계엄을 전국으로 확대하는 이른바 5.17 비상계엄확대조치를 감행했고, 동시에 전국의 민주화운동가들을 체포했다. 김대중은 이때 26명의 정치인들과 함께 '사회불안 조성 및 학생 · 노조 소요의 배후 조종' 혐의로 수사기관에 연행됐다. 이어 1980년 7월 31일 내란음모 · 국가보안법 · 반공법 등을 위반한 혐의로 계엄보통군법회의 검찰부에 기소된 뒤, 같은 해 9월 17일 '김대중 내란음모 사건'을 주동한 혐의로 사형선고를 받고, 1981년 1월 대법원에서 사형이 확정됐다.

당시 김대중이 대법원 법정에서 "이 땅의 민주주의가 회복되면 먼저 죽어 간 나를 위해서 정치 보복이 다시는 행해지지 않도록 해 달라"라고 한 최후진술이 국제사회에 알려지면서 큰 반향을 불러일으켰다.

162

사형 확정 후 지미 카터Jimmy Carter 전 미국 대통령, 에드워드 케네디 Edward Kennedy 미국 상원의원, 당시 교황인 요한 바오로 2세[90] 등 세계 각국 지도자와 종교인, 인권단체들의 김대중 사형 중단 압력이 거세지고 현지 교포들과 각국의 양심적 지식인·문화인·정치인들이 김대중 구명운동에 나서자, 전두환 신군부는 1981년 1월 23일 김대중의 형량을 무기징역으로 감형했고 얼마 후에는 20년 형으로 다시 감형했다. 김대중은 1982년 12월 '형 집행정지'로 출소하여 미국으로 출국했다.[91]

1995년에 광주 민주화운동에 관한 특별법[92]이 제정되어 김대중을 비롯한 관련자들의 재심 청구와 명예 회복이 이어졌고, 김대중은 대통령 임기를 마친 2003년 재심을 청구해 2004년 이 사건에 대해 무죄를 선고받았다.

---

[90] 교황 요한 바오로 2세는 서울 주재 로마 교황청 대사관을 통해 전두환에게 두 차례 편지를 발송해 김대중의 선처를 당부했다고 전해진다.

[91] 당시 안기부장이었던 노신영은 미국 로널드 레이건(Ronald Reagan) 대통령으로부터 김대중 석방에 대한 압력이 들어오자, 김대중 문제가 미국과의 외교 마찰로 이어질 것을 우려하여 전두환에게 김대중의 석방을 건의했다. 이를 두고 고심하던 전두환은 1982년 광복절 특사 명단에 김대중을 포함시킬 예정이었지만, 군 내부의 반발로 무산됐다고 한다. 그러나 얼마 후 전두환은 노신영에게 김대중 석방을 추진하라고 지시했고, 노신영은 김대중에게 미국으로 출국하여 병을 치료하고 오라는 사실상의 망명 권유를 했다고 전해진다.

[92] 5.18 특별법 제정에서 헌법재판소 합헌 결정까지의 경위는 한상범·이철호·강경근, 『12.12, 5.18 재판과 저항권』(법률행정연구원, 1997), 105쪽 이하; 최재천, 『끝나지 않은 5.18』(향연, 2004), 35쪽 이하 참조.

블랙리스트 제도를 통한
지배 통제 수법

블랙리스트black list는 '감시가 필요한 위험인물들의 명단' 이라는 뜻이다.[93] 흔히 정보기관 등에서 위험인물의 동태를 파악하려고 작성한다.

독재 정권은 지배 수법 가운데 하나로 블랙리스트라는 것을 작성하여 활용했다. 중앙정보부와 경찰 등 국가기관이 노동운동을 탄압하고자 '블랙리스트' 를 만들어 배포했다. 1970~1980년대 옛 중앙정보부 등은 노동조합 정화 조치라는 이유로 여러 사업장 노조를 와해시켰고, 사직하거나 해고된 노동자 명단을 블랙리스트 형태로 관련 기관과 사업장에 배포해 재취업을 가로막는 등 노조활동을 탄압했다.

동일방직 해고 노동자를 포함해 다른 회사 해고 노동자들도 번번이 취업을 거절당했다. 1987년 8월 인천 경동산업의 노조원 농성 과정에서 블랙리스트가 실체를 드러내기도 했지만, 누가 왜 리스트를 만들었는지 규명되지는 못했다. 사건 실체는 발생 20여 년이 지난 2010년 6월

---

93 블랙리스트(black list)의 연원은 17세기 영국에 있다. 이는 1660년 왕정복고로 복위한 찰스 2세가 부왕 찰스 1세에게 사형선고를 내린 재판관 등 58명의 명단을 만들라고 지시한 데서 비롯됐다. 이 가운데 13명이 처형되고 25명이 종신형에 처해지는 보복이 이어졌다. 미국에서는 '할리우드 블랙리스트' 가 대표적이다. 1950년대 미국을 휩쓴 매카시즘 광풍은 할리우드에도 몰아쳤다. 공산주의에 동조했다는 의심을 산 영화배우, 작가, 감독, 음악가 등이 의회 반미활동조사위원회에 줄줄이 불려 갔다. 당시 블랙리스트에 오른 인사 중 상당수는 구소련 붕괴 후 실제 스파이 활동을 비롯한 이적행위를 벌인 것으로 드러나기도 했지만 1950~1960년대 원성은 그야말로 자자했다(「[설왕설래] 블랙리스트」,《세계일보》 2011년 10월 15일 자 참조).

에야 비로소 진실·화해를 위한 과거사 정리위원회의 '청계피복노조 등에 대한 노동기본권 인권침해 사건' 결정문에서 드러났다. 이 결정문에 따르면 1984년 작성된 안전기획부(현 국가정보원) 문서에 사업체 관리자 친목 단체가 만든 1060명의 블랙리스트, 그리고 동일방직 해고자 124명, 서통·청계피복·태창 메리야스 등 민주 노조 활동가 925명, 위장 취업자 299명, 직종별 노동자 253명 등 1662명의 명단(경동산업 블랙리스트)이 등급별로 분류되어 관리되었다고 한다.

1991년 부산 신발 업체에서는 학생과 노동자 등 8000여 명에 대한 블랙리스트가 발견됐다.[94] 1980년 최고 통치기구였던 **국가보위비상대책위원회**는 청계피복 노조 등을 강제 해산하는 과정에서 각종 불법행위

---

[94] 부산 지역 신발 업체들이 전국의 대학 운동권 출신과 시국 사건 관련자, 위장 취업자 등 8000여 명의 명단이 수록된 방대한 양의 블랙리스트를 만들어 해당자들의 취업을 차단하는 데 이용해 온 것으로 드러나 노동계에 파문을 일으키는 한편 경찰과 노동부 등 관계 기관과의 협조에 대한 의혹이 일고 있다. 노동계의 블랙리스트 존재는 그동안 공공연한 비밀로 알려져 왔으나 이 같이 방대한 자료가 확인되기는 이번이 처음이다. 이 같은 사실은 신발 제조업체인 부산(釜山)시 북(北)구 감전(甘田)동 신발 부품 제조업체인 금호상사의 한 근로자가 이 회사 전산실에 입력된 명단을 입수, 폭로해 밝혀졌다. '사원 체크리스트'라는 제목의 이 자료에는 전국의 대학 운동권 출신, 시국 사건 관련자, 해고 근로자 등의 이름과 생년월일, 성별, 현주소, 본적지, 특기 사항, 구분 등 일곱 개 항목으로 나누어 기록되어 있으며 특기 사항과 구분란에는 출신 학교와 시국 사건 관련 여부, 위장 취업 여부, 가입 재야 단체 및 직책 등 개인별 인적 사항이 상세히 수록되어 있다. 이 같은 블랙리스트는 이 업체 외에도 북(北)구 감전(甘田)동 아폴로제화에서도 확인됐으며 다른 상당수 신발 업체에서도 보유하고 있는 것으로 알려졌는데, 이들 업체는 전산실 컴퓨터 디스켓에 명단을 입력해 회사 노무 담당자와 전산실 직원 등 극히 제한된 일부 관계자만 대외비로 취급하면서 해당 근로자의 취업을 봉쇄하는 데 이용하고 있다는 것. 입력된 대상자 중에는 부노련 의장 김진숙(金鎭淑) 씨, 민추위 사건 관련자 권인숙(權仁

를 저질렀다. 청계피복과 원풍모방, 동일방직[95] 등 11개 사업장 해고자들은 지난 2006년 이 같은 노조 탄압 사건에 대한 진실 규명 신청을 했고, 진실·화해를 위한 과거사 정리위원회는 이를 받아들여 국가의 사과와 명예 회복 조치를 권고했다. 법원은 2011년 6월과 10월 원풍모방과 동일방직 사건 피해자들이 낸 소송에서도 국가 배상 책임을 인정했다.[96]

우리 사회에는 여전히 군사 독재 시대의 어두운 그림자가 어른거리고 있다. 현 이명박 정부의 4대강 사업에 반대하는 교수들은 정부 연구비 신청은 엄두도 내지 않는다고 알려져 있다. 학계에는 '블랙리스트 교수'가 있다는 소문이 파다하다.[97] 또한 KBS와 YTN 등 방송가에는 '출연자 블랙리스트(방송 금지 대상자 명단)' 논란이 끊이지 않는다.

한편, 공안기관을 중심으로 국가권력에 의해 악용되던 '블랙리스트' 제도가 이제는 민간의 일부 치과 의료인에 의해서도 악용되는 사

淑) 씨, 민청련 부위원장 김(金)희택 씨 등 전국에 널리 알려진 재야 노동계 인사뿐 아니라 민주당(民主黨) 노무현(盧武鉉) 의원과 단순 학내 시위 가담자, 재야 단체가 운영하는 노동 상담소 출입자까지 포함되어 있다(「운동권 블랙리스트 8천명 명단 발견」, 《연합뉴스》 1991년 9월 17일 자).

[95] 동일방직 노조는 1972년 국내에서 처음으로 여성을 노조지부장으로 당선시키는 등 어용노조에 저항한 1970년대 대표적인 노동조합이었다. 하지만 '알몸 시위' 진압(1976년)과 '똥물 테러'(1979년) 사건 등을 겪으며 노조원 124명이 대량 해고됐고, 이후 이들은 취업이 원천 봉쇄되는 바람에 평생을 낙인 속에서 살아왔다.

[96] 「'청계피복' 고(故)이소선 여사 등 7명에 국가배상」, 《한국일보》 2011년 11월 30일 자, 10면.

[97] 「"4대강, 막대한 예산 부어도 완공 못할 것"」, 《한겨레》 2011년 1월 29일 자, 22면 참조.

례가 발생한다. 일부 치과의사들이 자신이 진료한 환자 가운데 '까다로운' 환자의 신상 정보를 담은 '블랙리스트'를 공개한 것으로 드러나 충격을 던졌다.[98] 일부 치과의사들 사이에서 자신이 진료한 특정 환자의 신상(환자의 이름과 성별, 나이, 거주지, 치아 상태)을 공개하고 '다 같이 진료를 거부하자'고 요청하는 '블랙리스트'가 돌고 있다.

독재 시절 사직하거나 해고된 노동자 명단을 블랙리스트 형태로 관련 기관과 사업장에 배포해 재취업을 가로막았던 못된 제도가 민주화된 시기에는 변형되어 이제 환자가 여러 치과의원을 돌아다녀도 적절한 치료를 받지 못하는 피해로 재현된다는 사실이 씁쓸할 따름이다. 이것 또한 우리 사회가 '독재 체제'를 제대로 청산하지 못한 것에서 비롯됐다고 볼 수 있다.

---

98 「"깐깐한 환자 치료하지 말자" 치과의사 '블랙리스트' 돈다」,《한국일보》 2011년 10월 14일 자, 1면 참조.

제 5 장

《민족일보》 사건 재판의
법률적 조명

사법살인으로서의《민족일보》사건:
식민사법의 잔재와 반민족 독재 권력의 악법과 법 조작의 역사

일본 제국주의 정치사법의 대표적 사례

일본 제국주의가 진보적 운동에 겁을 집어먹고 천황제 권력의 방어책 수법으로서 사법살인(재판에 의한 살인)을 자행한 대표적 사례 가운데 하나는 1910년 고토쿠 슈스이 幸德秋水의 천황 암살음모 사건 날조 재판이었다. 1904년 러일전쟁 당시부터 본격적으로 움직이기 시작한 반전·평화 운동과 함께 사회주의 운동에 대해 공포에 사로잡힌 일제 지배층은 고토쿠 슈스이 등 사회주의자들이 왕의 암살을 기도했다는 어마어마한 범죄 사실을 날조해서 단심 재판으로 1개월의 급행 재판으로 대역죄 유죄판결을 내려 엿새 후에 열한 명을 처형했다. 당시 일제 사법제도하에서는 재판까지 안 가고 재판의 전 단계인 예심 豫審에 걸려서 몇 개월 몇 년을 유치장과 고문실에서 시달리다 보면 체력이 한계에 달해서 죽게 되거나 그 이전에 굴복해 전향轉向하는, 둘 중 하나의 길을 택하게 되는 감옥국가의 공포 분위기가 조성됐다.

일제가 조선을 강점한 후 '105인 사건'이라는 총독 암살음모 사건을 날조하여 조선의 유지를 모조리 잡아들여서 고문실로 끌고 가면서 감옥으로 보낸 소동도 마찬가지 수법이다. 특히 1925년 **치안유지법**의 제정과 **고등경찰제도**의 정비 이후에는 조선은 글자 그대로 고문실이자 감옥이며 강제수용소가 되어 버렸다. 그래서 카이로·포츠담 선언에서 조선 인민의 **노예적 상태**에서의 해방을 거론한 것이다.

일제 패망 후 친일 관료의 법 기술과 고문 기술의 존속

일제가 패망한 후에 친일파가 미군정에 관료로 재기용되고, 이승만이 일제 관료와 친일 유지를 정치 기반으로 권좌에 들어앉음으로써 일제 식민지 사법제도가 고스란히 우리에게 물려졌다. 이승만의 정치권력기구의 핵심을 이룬 인적 구성에서는 일제 관료 친일분자가 주역이 됐다. 특히 군경과 검찰 및 사법 관료의 주체가 이들이었다. 그래서 이승만 집권 전후부터 이승만 몰락에 이르기까지 민족주의자나 민주 투사, 이승만 반대파가 암살 또는 사법살인을 당하는 곳에는 항상 친일파의 그림자가 어른거려 왔다. 김구 암살 사건과 친일파 전봉덕(당시 헌병 부사령관-일제 조선총독부 고위 관리)과의 관계, 조봉암의 사법살인 사건과 장경근(자유당 당무위원-일제 치하 판사), 김갑수(대법원 조봉암 담당 주시 법관-일제 치하 판사)의 관계처럼 말이다. 일제하 밀정이나 헌병 보조원으로 고위 간부가 되어서 악명 높은 테러리즘의 기술자가 된 자는 이루 말할 수 없이 많다.

박정희는 1961년 쿠데타 이후 1979년 10월 26일 피살될 때까지 집권 기간이 길었던 만큼 사법살인에 해당하는 날조 조작도 많이 행했다. 권력 핵심부의 지시에 따른 김대중 납치 사건처럼 실패해 버린 경우도 있지만, 대개는 성공하고 은폐됐다. 게다가 박정희 집권하에서는 박정희에게 충성하고 아부하느라 그러한 사건이 대대적으로 치밀하게 조작됐을 뿐만이 아니라, 용공 좌경 국가보안법 위반 사건의 조작으로 공로를 인정받아 특진·승진·포상·훈장·현상금을 따먹으려고 앞다투어 사건을 날조하는 데 그치지 않고, 별것 아닌 사건을 부풀리고 각색하여 애꿎은 많은 사람을 감옥과 교수대로 보냈다. 이 모든 사건들이 박정희 정권 몰락 이후 전두환 신군부의 출현으로 그 문제가 엉뚱하게 비켜 감으로써 내버려진 채 있다. 그 범죄자들은 유지 명망가로 출세하고 부귀영화를 누리며 박정희 시대로의 반동·복고를 도모하는 대오에서 큰소리치고 있다. 《민족일보》 사건도 마찬가지로 몇 십 년을 넘어 오늘에 이른다.

이런 모순과 부조리의 역설이 방치되는 한 한국은 결코 무법·불법·탈법의 나라라는 한계를 벗어나 법치국가가 될 수 없다.

반혁명으로서
5.16 쿠데타의 반동 성격

민주 세력에 대한 반격으로서 5.16 쿠데타의 반혁명적 성격

1961년 일부 군인에 의해 일어난 쿠데타는 군사 반란이자 내란의 행위로서 어떠한 이유로도 변호되어 정당화되거나 합법화될 수 없다. 쿠데타가 일어난 후에 쿠데타 집단이 임의로 조작한, 이른바 **군사혁명위원회**가 발표한 **혁명공약**이라는 것을 보아도 유치하기 짝이 없는 구실이고 억지 변명이었다. 국시의 제1이 반공이라고 내세우고 있지만, 그 반공은 진정한 국시여야 할 **자유민주주의**를 근본으로부터 깔아뭉개 버리는 폭거에 불과했다.

5.16 쿠데타는 4.19 혁명의 민주화 지향의 시대적인 추세에 따른 민중운동에 겁을 집어먹고 그에 반격을 가한 친일파와 그 아류 군인들의

반혁명 쿠데타였다. 4.19 혁명은 민주화로서 친일파 정권의 매카시즘 폭정을 거부하고 민주주의를 요구하면서 반공의 이름으로 이루어진 민간인 학살 만행을 정면으로 부인하는 민주혁명이었다. 이러한 시대의 도도한 흐름은 남북의 민족적 이해에 따른 통일을 위한 대화를 요구하는 단체와 정당의 대두, 반공주의의 이름으로 학살된 사건의 진상 규명과 그 주동자 책임 추궁 및 배상 등의 조치, 혁신정당과 노동운동의 복권, 민족 배신과 민주 반역 세력의 부정 축재에 대한 처단과 부정 축재 재산의 국고 환수 등을 당연히 요구했다. 바로 그러한 민족적 요구에 대해 가장 겁을 먹고 반발한 자들은 누구인가? 1950년 6.25 전쟁 전후에 민간인 학살을 기획한 육군정보실 군인과 군속 요원이 주동이 되어 자신들의 죄상이 폭로되는 것을 막고자 쿠데타를 일으키게 되었다고 한다.[1]

1961년 5.16 쿠데타의 법률적 합리화의 수법과 형식을 보면 일부 군인이 쿠데타로 헌법기관을 마비시키고 장악한 다음 이른바 **군사혁명위원회**라는 불법적 기구의 명의로 국회를 비롯한 헌법기관의 기능을 정지시키고 계엄령을 선포하여 모든 국민의 활동을 봉쇄하고서는 정당과 사회단체를 해산시켰다. 특히 민선 헌법기구의 구성원인 국회의원과 지방의원 및 민선 시장과 지사의 권한을 박탈하고 그들을 그 지위에서 추방했다. 이러한 헌법기구 파괴와 월권을 합법적인 것처럼 가장하려고 법률이라는 형식을 갖춘 것이 1961년 6월 6일 공포된 '국가재

---

[1] 이도영, 「그들은 왜 피해자들을 부관참사했나」, 《말》 2001년 5월호, 164~167쪽 참조.

건비상조치법'으로 이는 독일 나치의 '수권법' 뺨치는 파쇼 반민주 악법이다.

'국가재건비상조치법'은 이 악법과 저촉되는 헌법 규정을 무효화하는 조치와 함께 그들이 임의로 만든 이른바 국가재건최고회의를 군인 집단으로 구성된 최고 권력기관으로 정했다. 특히 이 법률에서는 국가재건최고회의가 5.16 쿠데타 전후에 '반국가적·반민족적 부정행위 또는 반혁명적 행위를 한 자'를 처벌하기 위해 특별법을 제정하고, 그러한 사건을 처리하기 위해 혁명재판소와 혁명검찰부를 설치하게 했다. 《민족일보》를 단죄한 근거법은 특수범죄처벌에 관한 특별법(1961년 6월 22일 제정, 법률 제633호 법무부)이고, 그 소추와 심판 기관인 특별 기구는 혁명검찰부와 혁명재판소라는 반혁명적 불법 기구였었다.

특수범죄처벌에 관한 특별법이란 법을 위장한 악법 제6조의 특수 반국가 행위에 관한 규정이 《민족일보》 사건의 적용 법조이다. 그 법조문을 그대로 인용해 본다.

> "정당, 사회단체의 주요 간부의 지위에 있는 자로서 국가보안법 제1조에 규정된 반국가 단체의 이익이 된다는 점을 알면서 그 단체나 구성원의 활동을 찬양, 고무, 동조하거나 또는 기타의 방법으로 그 목적 수행을 위한 행위를 한 자는 사형, 무기 또는 10년 이상의 징역에 처한다."

'특수범죄처벌에 관한 특별법'은 그 자체가 쿠데타 내란죄를 저지른 범법 집단이 제정한 것으로 ① 원천적으로 무효이거니와, ② 가사 그 무효의 법률 내용을 볼지라도 이미 있는 법률 내용을 반복 규정하여 중벌과 엄벌로 무모한 단심 처벌을 과한(예: 제2조 선거 관련 범죄, 제3조 밀수, 제4조 군사 관련의 뇌물죄 등) 근대적 법 상식과 죄형법정주의를 유린하는 폭거이며, ③ 더욱이 가소로운 것은 5.16 쿠데타 방해행위를 엄벌하는 제5조의 규정으로 이는 정상적 자기의 군사 반란에 대한 적법한 대응을 한 반란 방지나 그와 관련된 공무원의 공무 집행이 모두 범죄가 된다는 식의 억지이다. ④《민족일보》사건에 적용한 제6조는 정치·사회 결사 전반에 대한 반혁명적 싹쓸이 조치로서 희대의 엄벌주의 악법의 모델이 되었다.

악법의 날조와 민주 세력에 대한 공세

1961년 쿠데타 세력이 가장 탄압의 칼날을 중점적으로 휘두른 대상은 대개 그들의 이른바 **혁명재판**이나 당시의 무법·불법의 조치를 통해서 탄압한 대상을 보면 알 수 있다. 탄압 대상 1호는 민족통일운동 조직과 혁신과 개혁의 정당 및 사회단체 등이었다. 그에 못지않은 탄압 대상은 노동단체이고 교원의 노동운동이었다. 여기에다 매카시즘적 반공주의의 만행에 따른 민간인 학살 문제를 거론하는 사회단체와 개인이 표적이 됐다. 물론 언론은 전반적으로 정화 조치라는 명목으로 탄압했다. 이러한 탄압의 행태에서 군사정권의 본색이 그대로 드러난다.

그들은 국민에게 여론 조작과 자기 불법의 정당화를 위한 장식으로 세칭 '정치깡패'인 이정재와 임화수, 곽영주 등의 일당을 사형에 처하고, 깡패를 잡아서 구타하고 거리로 끌고 다니는 등 무법적 연기演技도

연출했다. 또한 부정선거에 대한 국민의 반대 여론을 무마하려고 최인규 등 몇 사람을 사형에 처하기도 했으나, 정작 부정선거 모의와 집행의 실체 세력인 친일파 정치인과 관료들은 그대로 두었다. 군사정권은 후에 그들과 야합하게 된다. 더욱이 부정 축재를 그대로 지나칠 수 없어서 처벌한다는 연극까지 해 놓고는, 결국 박정희의 근대화는 부정 축재 재벌과의 밀월 관계로 정경유착政經癒着으로 끝이 났다는 사실이 후일에 경제 파국인 IMF(국제통화기금) 시대의 외환 위기에서 증명되고 만다. 문제는 이들의 본래 의도가 민족·민주·통일과, 혁신의 기세나 지향을 꺾어 버리자는 반동적 역공세에 있었다는 점이다.

우선 박정희 일당은 반민족적인 친일파 민족 반역자의 부류의 맥을 잇는 세력으로서 그들의 가장 치부인 민족문제에 대한 반통일 체제의 붕괴를 4.19 혁명에서 보고, 그에 대한 불안을 느꼈다. 그래서 ① 통일운동과 민족문제에 대한 솔직한 공론화를 모두 용공 좌경 빨갱이로 몰아붙이는 이승만 시대 이래의 반공 매카시즘으로 노골적으로 그들에 대한 탄압에 나섰다. 민족자주통일운동과 관련된 인사와 단체는 5.16 쿠데타 당일부터 체포되고 투옥되는 것을 볼 수 있다. 아마도 이승만 시대 이래 일제 경찰 관료 출신을 주축으로 4.19 혁명 후에도 계속 경찰·공안 정보기관에서 작성하여 감시해 온 블랙리스트에 따른 검거였다고 본다. 헌병과 특무기관(보안부대) 및 형사(경찰)가 한 조로 검거에 나서서 학교까지 올라오는 것을 5.16 당일부터 목격할 수 있었다. 혁명재판소에서 다루어진 그러한 사건은 **민족자주통일협의회 사건**, **민족자주통일방안 심의위원회 사건** 등이 대표적이다.

② 다음에는 혁신 계열의 정당에 대한 적대시와 혹독한 탄압을 들 수

있다. 자기들의 쿠데타를 반공으로 위장해 정당화할 필요가 있었겠지만, 정치적·사회적으로 큰 세력으로 평가되기에는 유치한 단계의 서클(동아리) 운동 정도인 혁신정당에도 공산주의라고 낙인을 찍고 국가안보의 중대 위협인 양 허풍을 떨며 탄압했다. 그러한 사건 가운데 이른바 혁명재판소에서 다루어진 것은 혁신당 사건, 중앙사회당 사건, 중앙사회대중당 사건, 중앙통일사회당 사건 등이 있다. 그중 사회당 간부 최백근은 사형에 처해졌다.

③ 부정 축재의 친일 매판 관료 자본의 이득을 대변하는 쿠데타 집단은 노동조합과 노동운동을 뱀처럼 싫어하여 가장 먼저 노동단체를 해산시키고 불법화했다. 그중에도 인텔리 교원의 단결을 가장 두려워했다. 그래서 각 학교의 교원으로 교원 노조에 가입하거나 활동한 교사들은 학교에서 추방되고 감옥에 가야 했다. 한국교원노동조합 사건이 대표적인 예이다.

④ 전쟁 중에 이승만 정권은 '보도연맹원'을 불법적으로 집단학살한 것을 비롯해서 민간인을 학살한 범죄행위를 자행했다. 거창 양민학살 사건처럼 세상에 알려진 것도 있지만 알려지지 않은 사건들도 무수히 많고, 그 피해자의 유족 수십, 수백만 명은 사회에서 범법자 취급을 받아 오며 남모르게 울고 지냈다. 이들은 4.19 혁명 후에 그 억울한 진상을 규명하고 원혼에 대한 위령과 불법 부당한 인권유린에 대한 시정을 요구하고 나서게 된다. 이를 가장 두려워했던 부류는 학살에 직간접으로 관계된 박정희를 비롯한 군인들이었다. 그래서 이들은 그 유족의 활동을 용공 좌경 이적행위로 몰아서 자기 대신에 아내가 끌려가 죽은 억울한 사연의 유족 대표를 사형시켰다. 이 사건은 경상남북도 피살자

유족회 사건으로 불린다. 그 밖에도 각 지역에서 유족회 활동을 이유로 재판을 받거나 탄압받고 단죄된 사람은 무수히 많다.

⑤ 언론 탄압으로 민족 언론을 비롯한 기성 언론에 대한 쿠데타 세력의 반격은 쿠데타 직후에 최고회의 포고령으로 **언론기관 정화** 조치라고 하여 이루어졌다. 그들은 부실 언론이라는 이유로 대대적인 정비로 언론기관을 폐쇄했고, 기자들에게도 제재 조치를 가했다. 《민족일보》의 경우는 보다 강성 조치로서 민족 · 민주 · 통일 문제에 대한 언론을 원천적으로 봉쇄하고 압살하고자 한 사례이다.

《민족일보》 사건에서 문제된 사항에 대한 검토

특수범죄 처벌에 관한 특별법의 적용과 그 적용의 확대: 확장해석과 사실관계 착오

5.16 쿠데타는 본질적으로 군사 반란과 내란죄에 해당한다. 다만 1979년의 12.12 군사 반란 사건 및 1980년의 5.17 사건처럼 군사 반란과 내란죄로 처벌을 받지 아니했을 뿐이다. 이러한 사건의 처벌이 특별법에 따라 실현되지 않았을 때 우리 법조계는 성공한 쿠데타에 의한 조치가 모두 합법이라는 논리가 성립할 수 있다고 보았다. 그러나 법리상으로는 쿠데타의 성공 여부에 관계없이 쿠데타가 적법화될 수 없다. 그렇게 법 논리에 어긋나고 정의를 무시한 법리는 법률실증주의를 아주 세

속화한 관료법학과 실력 편승의 기회주의 법 이론에서만 가능하다.

독일에서는 나치 지배하의 사법 관료가 따른 그러한 '법 가치 허무주의'의 법리가 나치 청산 과정에서 철저하게 극복됐다. 독일은 나치 악법을 적용해 집행한 재판관과 검찰관 및 행정 관료, 나아가 군인에게까지도 그 범죄에 대한 책임을 추구하여 숙청했다. 지금 독일 법원 구내에는 나치 사법에 희생된 사람들에게 사죄와 애도를 표하는 비가 세워져 있다. 그러나 우리는 일본처럼 사법계의 반민족적·반민주적 죄과에 대한 청산 작업 없이 역사를 지나쳐 버렸다. 쿠데타 권력에 대한 청산도 박정희가 피살되고 그 후속으로 그 아류인 전두환 신군부가 등장함으로써 실패했다.

전두환을 비롯한 신군부의 군사 반란과 내란죄를 단죄할 때에 박정희 정권의 쿠데타의 불법성도 전반적으로 청산되어야 했으나, 모두 몇 사람의 수괴 및 주동자 처벌로 그치고 말았다. 그래서 박정희 쿠데타의 불법성과 무법성에 대한 법률적 정리와 피해자에 대한 구제 조치 등 후속 조치가 아무것도 없었다. 심지어는 독재 정권 기간의 추정醜政에 대한 백서조차 한 권 못 만들었다. 결국 혁명도 아니고 그렇다고 변혁도 못된 채 구시대의 독재하 폭정의 잔재를 그대로 잔존시켰다.

여기서 쿠데타 권력이 법률의 이름으로 자행한 입법이나 재판은 그 적법성을 모두 부인하고 재검토해야 한다. 무엇보다 특별법의 규정 자체부터 문제가 있다. '특수범죄 처벌에 관한 특별법'의 규정은 일반 법리로 보아도, 그 특별법이 합법적이라고 가정해도 다음과 같은 문제가 있다.

① '특수범죄 처벌에 관한 특별법'은 소급입법遡及立法으로서 그 근

거가 없다. 쿠데타 권력이 소급입법을 자의적으로 만들어서 법적 안정성을 파괴하는 것은 쿠데타의 이유 자체가 성립하지 않듯이 무법이고 불법이다.

② 죄형법정주의 기본을 무시한 처벌 내용의 가중은 당시 전시도 아니고, 안보가 위기에 처한 상황도 아니며, 단지 쿠데타 권력의 정치적 반대 세력의 제압을 그 동기와 목적으로 한 것이 분명하므로 인정할 수 없는 폭거이다.

③ '특수범죄 처벌에 관한 특별법'은 자유민주제도의 본체를 부인한 규정이다. 이 특별법 규정에서 사상 양심 및 신조의 자유에 대한 처벌과 그를 이유로 한 가중 처벌 규정은 자유민주주의제도 자체를 부인하고 파괴하는 것으로 위헌적·위법적이며 그러한 규정 자체가 헌법 파괴의 범법犯法이다.

《민족일보》의 성격과 조용수 사장에 대한 법 적용의 확대해석과 사실착오

여기에서는 조용수 사장에 대한 유죄 확정의 근거를 집중 조명해 본다.

• 《민족일보》의 성격

《민족일보》는 민족·민주·통일에 대한 여론 환기 매체로서 자유·민주 정신을 바탕에 두고 친일과 구시대의 지배 구조와 그 잔재를 청산하기 위해 활동했다. 군부 세력은 바로 그 점이 못마땅해서 신문사 자체를 없애고 그 사장을 처단하고자 재판이라는 법률 형식을 이용했다. 그런데 '혁명재판소'라는 사이비 혁명재판소의 판결문에는 아무리 꼼꼼하게 살펴보아도 《민족일보》가 범죄 단체라는 증거가 없다. 당연히 누릴 만한 자유를 바탕으로 민족적 양심으로 할 말을 해 온 것이다. 그런데도 군부 세력은 《민족일보》 자체를 범죄적 용공 집단처럼 조작하려고 애를 썼다. 단지 그 구성원의 과거가 어떠했다는 이야기일 뿐이지, 당시 《민족일보》 자체가 법률에 저촉되거나 유죄가 되는 문제와는 상관이 없다. 그 구성원이 과거에 오점이 있었으면 그 오점이 동기가 되는 범법 사실이라도 있어야 그럴듯한 구실이 되는데 그렇지도 않았다.

더욱이 조용수 사장은 민단民團에서 활약했고 좌익과는 아무런 관련이 없는 언론인이다. 그가 과거에 혁신정당의 공천을 받아 입후보한 적이 있었지만, 그것은 이미 끝난 일이고 당시 사장직과는 관련이 없었다. 다시 말해 특정 정당의 당원이나 간부도 아니었다.

아마도 《민족일보》가 불순 자금으로 설립되어 운영됐다는 증거가 있었으면 구차하게 특수범죄 처벌에 관한 특별법 제6조로 옭아매려고도 안 했을 것이다.

- 《민족일보》가 특수범죄 처벌에 관한 특별법
  제6조에 해당하는 단체인지의 여부

특수범죄 처벌에 관한 특별법 제6조에서 특수 반국가 행위라 함은 "정당, 사회단체의 주요 간부의 지위에 있는 자로서" 국가보안법 위반의 행위를 말한다. 그렇다면 《민족일보》가 이 조항의 **사회단체**에 속하는가? 검찰과 법원 측은 그렇다고 판시했다. 그런데 사회단체에 언론기관이 포함된다는 해석은 확대해석이고, 억지로 꿰어 맞추는 견강부회牽强附會 논법이 아닐 수 없다. 변호인의 주장에 대해 판결은 다음과 같은 확장해석과 억지 꿰맞추기 식의 구실을 들고 있다. 결론부터 말하면, 이러한 족쇄를 채워 놓은 언론 탄압은 어느 독재나 전제주의 악정에서도 볼 수 없는 입법이자 해석의 법리이다. 여기서 판결문 일부를 인용해 본다.

> 판결에서 말하는 '사회단체'의 범위
>
> "…… 다음 사회단체라 함은 광의로는 사회적 활동을 목적으로 하는 모든 인적 조직체를 의미하고 …… 동조의 입법 취지는 사회활동을 목적으로 하는 단체가 그 조직성으로 말미암아 사회에 미치는 조직적 영향력이란 심대한 것이므로 이에 감鑑하여 여사如斯한 조직체를 유지 영도하는 주요 간부가 반국가 행위를 범했을 때에는 보통인과 구별하여 이를 엄단코자 함에 있음이 명백한 바로서 이러한 입법 취지에 미루어 볼 때에 동조에서 말하는 사회단체는 결국 전시前示 광의의 사회단체를 의미한다. ……"

참으로 기묘한 비약과 왜곡의 논리이다. 만일 그렇게 막연하게 모든 인적 집합의 단체가 사회단체에 해당된다면 구태여 **특수범죄 처벌에 관한 특별법 제6조가 정당, 사회단체**라고 명시할 필요 없이 애당초 **모든 단체**라고 정하면 되지 않을까? 신문사에서 동창회나 친목계 모임까지 모든 단체의 간부가 해당된다면 그렇게 막연하고 불명확하게 처벌 대상을 확대해 놓아야 단체 간부가 갖는 위험을 미리 알 수 있지 않을까?

• 조용수 사장 개인의 신상 문제

군사정권이 죽을죄에 해당한다고 조용수 사장을 교수대로 보낸 이유는 무엇인가? 조용수 사장의 행적으로 미루어 볼 때에 외국(일본) 유학이나 민단 활동 정도의 경력이 눈에 띨 뿐, 죽을죄(?)는 혁신당 공천으로 국회의원 선거에 출마한 것이나, 그와 함께 민족·민주·통일의 언론기관을 경영했다는 것밖에 볼 수 없다. 다만 뒤에서 다시 지적할 테지만 그가 진보당 당수 조봉암의 구명·진정 운동을 주동한 것이 주된 이유라고 추측된다.

통일 논의의 용공성 조작과 민족문제 논의의 용공몰이

솔직히 《민족일보》 사건의 판결문을 보면 군사정권 주체가 민족·민주·통일이라는 과제에 대해 이승만식 북진통일 이외에는 모두 용공좌경으로 보고 탄압에 나섰던 것을 실감케 한다. 《민족일보》 사건은 1950년대 조봉암 진보당 당수가 동당 기관지 《중앙정치》에 기고한 「평화통일에로의 길」이라는 논설을 국가보안법 위반으로 몰아서 조봉암 등 간부를 구속하고 진보당을 해산 처분한 노선을 그대로 따른다. 조봉암의 경우도 결국 평화통일 주장이 표현의 자유에 속해서 유죄로 인정하기 어렵게 되자, 결국 간첩죄라는 혹을 하나 붙여서 교수대로 보내는 사법살인을 자행했었다. 그 당시나 쿠데타 이후 군정 집단이 갖는 사고 방식은 '반공통일'이 국시이고, '북진통일'이 오로지 통일에의 길이며, 북쪽과의 대화는 빨갱이로 몰아서 처벌해야 한다는 것이었다.

우선 1953년 휴전 당시 이미 한국은 무력에 의한 통일은 영원히 불가능해졌다는 것이 국제적인 상식이고 군사 문제의 당연한 전제 조건이었다. '북진통일'이라는 이승만과 그의 졸개들의 말은 거짓말이자 비현실적 허장성세虛張聲勢로 무책임의 극치를 이룬, 공직자로서는 실격인 망언이었다. 더욱이 남북 양측이 긴장 상태에서 대결해 군비증강을 지속할 경우에 남북이 함께 자멸에 가까운 파탄과 위기에 빠지며, 경제가 파국으로 치닫고, 교육과 복지 정책은 시행할 수 없음을 적어도 나랏일을 하는 사람이라면 알 일이 아닌가? 그런데 5.16 군사 쿠데타의 주동자인 박정희와 그 일당은 무책임하고 비현실적인 북진통일의 반공 논리를 이유로 내세워서 사람들을 죽이고 감옥에 처넣었다. 그러다가 국제 정세의 변천과 국민의 반발로 궁지에 몰리자 1970년대에는 평화통일을 한다고 국민도 모르게 밀사를 김일성에게 보내 막후교섭을 했다. 그런 박정희는 특수범죄 처벌에 관한 특별법이나 국가보안법에 해당이 안 되는가?

《민족일보》에 대한 탄압과 그 일환으로서 조용수 사장에 대한 사법살인은 민족통일 문제를 공론화해서 친일파와 그 아류의 부패 세력들의 기득권을 위협했다는 것으로 집약할 수 있다.

여기서 그 판결문의 일단을 보면 이 사실이 좀 더 분명해진다. 그들은 민족문제의 공론화가 북괴에 대한 이적 행위이자 동조이며 안보에 위협이 된다는 구실을 붙인다. 여기서 좀 지루하지만, 중요한 부분이기 때문에 그 일부를 그대로 전재한다.

판결문에서 민족통일 문제가 이적 표현이라고 한 부분
"…… 동년(1961년) 1월 25일 자로 주식회사의 설립 등기를 필한 후 동년 2월 13일 《민족일보》의 창간호를 발간한 이래 동년 5월

16일까지 간에 매일 3만 5000부 가량의 동 신문을 발간함에 있어 현재 무정견한 중립화 안이나 정치적 평화통일에 앞선 남북협상, 경제·서신·문화 교류 및 남북학생회담 등은 대한민국을 민족적 교류 및 원조라는 가면하에 점차적으로 적화할 기회를 호시탐탐 노리고 있는 이북 괴뢰 집단의 합법을 가장한 적색 침략 방법으로서 그네들이 일관하여 주장, 선전하고 있는 소위 평화 공세, 즉 간접 침략 정책임에도 불구하고 피고인은 이익이 된다는 점을 알면서 상 신문 지면을 통해 상 이북 괴뢰 집단의 주장 내용과 상응한 한국의 중립화와 정치적 평화통일에 앞선 남북협상 경제·서신·문화 교류 및 학생회담을 적극 찬동 주장한다는 지급로

(1) 민족적·자주적 노력으로써 남북협상의 단계까지 공세를 발전시켜라(1961년 5월 16일 자)

(2) 통일을 원치 않는 태도(상동 일자)

(3) 너희를 저주하노라(상동 일자)

(4) 범민족적인 통일 민족의 추진이 필요하다(동월 15일 자)

(5) 우선 체육 교류부터라도 시작하자(동월 12일 자)

(6) 모처럼 찾은 통일 외교의 이니시아 팁을 뺏기지 말자

(동월 9일 자)

(7) 통일에의 전진을 위하여(동월 8일 자)

(8) 우렁찬 통일에의 고동, 남북학생회담 편의 제공하라

(동월 7일 자)

(9) 학생들의 통일 외교를 무정견으로 억압 말라(동월 7일 자)

(10) 통일은 먼저 남북 교류로 시작하자(동월 6일 자)

(11) 남북학생회담 갖게 하라(동월 5일 자)

(12) 조국 통일의 선봉에 감사한다(동월 5일 자)

(13) 통일 위한 선행조건으로 남북한의 학생 회담을 열자

　　(동월 4일 자)

(14) 중립화 통일론에 대한 모함을 삼가라(동년 2월 23일 자)

(15) 통일 외교에 실패한 장 정권은 물러가야 마땅하다

　　(동년 4월 22일 자)

(16) 이북 쌀, 이남 전기, 젊은 사자들의 침묵된 데모

　　(동년 4월 10일 자)

(17) 남북 교역 시기는 성숙했다(동년 4월 9일 자)

(18) 대중을 농간 말라

(19) 조국 통일을 위하여 전 민족이 하나의 방향으로 단결하여야

한다(동년 2월 27일 자) 등 의 각 제목하에 사설 · 논설 · 기사

등을 게재 발간케 하여 이를 선동, 선전함으로써 반국가단

체인 이북 괴뢰 집단의 활동을 고무, 동조하고, ……"

위의 사례에서 볼 수 있듯이 민족통일을 위해 남북 대화를 하자고 주
창하는 것 자체가 지지 · 동조 · 찬양 · 고무 등의 이적 표현이라는 것이
다. 이처럼 쿠데타 정권은 통일 문제가 특정 주체의 독점물이니 국민은
관여치 못하며, 평화적인 방법의 통일 가능성을 추구한다는 발상 자체
가 이적利敵 편향으로 죄가 된다는, 어떤 자유민주주의에서도 볼 수 없
는 범죄 유형을 창출했다.

이상두와 이건호 논설의 문제를 통해 본 반공관의 억지

《민족일보》사건의 피고인 가운데 교수나 학자 출신으로 논설 집필 때문에 유죄판결을 받은 사람은 경북대학교 강사 이상두와 고려대학교 교수 이건호이다. 이상두는 정치학을 전공한 학자로서 경북대학교에서 이동화의 가르침을 받았고, 진보당 사건 때에도 이동화 때문에 수난을 당한 적이 있었다. 이건호는 형법 교수로서 특별하게 밉보이거나 선입견으로 백안시될 일도 없었으므로 그가 처벌받은 이유는 결국 《민족일보》에 관여한 죄일 것이다.

이상두는 《민족일보》에 쓴 「사창(매춘)은 빈곤의 부산물이다」라는 논설이 주로 용공, 좌경의 논조로 몰린 결정적 증거가 되어 징역 15년을 선고받았다. 아마도 매춘(매음) 문제를 유물론적 분석을 통해 접근한 것이 결국 빨갛다는 증거가 됐던 모양이다. 마르크스의 유물사관이 아니라도 매춘 여인의 빈곤 문제나 경제 문제는 상식이다. 그런데 유독 물고 늘어지니 당하는 격이 됐다. 1930년대 일본 교토대학교 형법 교수 다키카와 유키토키는 감옥 안에 가난뱅이만 있는 것으로 봐서 형사정책에 앞서 사회정책을 우선해야 한다고 주장했다가 마르크스주의의 유물사관론자로 몰렸고, 간통죄를 여성만 처벌하는 것은 부당하다고 주장했다가 가족 파괴론자로 몰렸다. 결국 그는 대학에서 추방됐다. 이상두는 빨갛게 물을 뒤집어쓰고 징역 15년의 옥살이로 들어갔다.

판결을 한 법관들이나 군인 집권자들의 사회이론에 대한 지식은 아주 편협하고 위험하며 수준 이하이다. 마르크스의 사회문제 제기나 유물사관 이론의 참고로는 이 나라의 안보가 흔들리지 않는다. 무엇보다 그렇게 학설의 자유나 사상의 자유가 없는 자유민주주의는 이 세상에 존재하지 않는다.

이건호는 「반공을 빙자한 새로운 파쇼 테러분자들의 파괴적 책동을 엄계한다」라는 《민족일보》 논설이 징역 10년 형을 선고받은 이유가 됐다. 군사깡패라는 별칭으로 야유받는 군인 집단은 법률의 이름으로 반공을 명목으로 해서 사법살인을 비롯한 각종 테러를 자행해 왔다. 그러니 이건호의 논설에 비위가 상했을 것이다. 그렇지만 군사정권은 처음부터 끝까지 폭력을 통한 지배와 정보 감시를 통한 억압 두 가지 특징으로 지탱해 온 것이 아닌가?

혁신운동의 과거 행적 자체가 유죄 추정의 근거가 되는 이상한 법리

《민족일보》 사건의 피고인 가운데 유죄판결을 받은 사람은 조용수(사장, 사형), 안신규(상임감사, 사형), 송지영(한국전통사 사장, 사형), 이상두(논설위원, 징역 15년), 양수정(편집국장, 징역 10년), 이건호(논설위원, 징역 10년), 정규근(상무취재역, 징역 5년), 양실근(전선원, 징역 5년) 등이다. 대개는 《민족일보》의 간부이지만, 그렇지 않은 사람도 있다. 그 배경을 살펴보면 다음과 같다.

송지영은 《민족일보》의 사원은 아니지만, 그 전력前歷에 좌익 경력이 있어서 《민족일보》나 그 구성원과 관련시켜서 사형까지 함께 몰고 갔다. 들러리 겸 장식으로 빨간 칠을 해 버리는 것이 편리했기 때문이라고 보인다.

그것은 이상두의 경우도 유사하다. 이상두는 진보당 사건 당시에 이동화의 관계로 이미 좌익 낙인이 일부 찍힌 상태였으므로, 그를 통해 그와 관련 있는 인사나 《민족일보》 자체를 빨갛게 덧칠해서 처벌하는

데 편리한 도구가 됐다.

이건호는 일본의 도호쿠제국대학교東北帝大 출신의 교수로서 좌익 경력은 판결문에 나오지 않지만, 반공을 빙자한 테러리즘이나 매카시즘에 대한 날카로운 비판자로서 밉보였으리라고 짐작하기 어렵지 않다.

편집국장 양수정은 일본 리츠메이칸立命館대학교에서 수학한 기자로서 1947년경 검거됐던 이력이 있는 사람이다. 그렇지만 대단치 않은 사건인지 그에 대한 추구追究는 없고, 편집국장이라는 지위로 인해 10년형을 받았다고 보여진다. 그가 출옥한 후에 붓을 꺾으면서 마지막으로 펴낸 『한강』(1967)이라는 픽션과 논픽션을 겸한 저술은 유전무죄 무전유죄有錢無罪 無錢有罪의 감옥 현실을 그대로 드러내 보인다. 특히 "착한 자가 흥한다는 거짓말이 있고, 악인이 흥한다는 현실이 있다"라는 요지의 그의 피맺힌 절규는 지금도 우리의 가슴에 뭉클하게 와 닿는다.

조용수가 용공 · 좌경으로 몰릴 만한 출신 배경이나 행적이 없었는데도 그렇게 찍힌 이유는 그가 조봉암 구명 · 탄원(청원) 서명위원회 대표로 활약했기 때문이라고 본다. 판결문에서는 간첩 이영근과의 관계를 장황하게 엮고 있으나, 그가 간첩이라는 증거와 조용수가 연루됐다는 증거는 그 어디에도 없다. 더욱이 이영근은 박정희 정권하에 나중에 훈장까지 수여받는다. 이로써 조용수 사장은 《민족일보》의 대표로 민족 · 민주 · 통일의 언론 기수가 된 것 그 자체가 죽을죄가 되었다고 볼 수 있다.

혁명재판을 빙자한 군사재판의 졸속과 그 재판관의 '법조 윤리' 문제

민주혁명으로 박정희 정권이 퇴진되고 박정희와 그 일당이 심판을 받았다면 박정희 정권하의 원죄冤罪(억울하게 둘러쓴 죄) 문제는 특별입법과 특별기구의 설치에 의해서 법률적으로 구제됐을 것이다. 그런데 주지하듯이 박정희가 피살됨으로써 박정희 체제가 종식되는 것처럼 보이다가 박정희 잔당인 전두환 신군부가 계속 집권함으로써 역사는 한 시대의 구체제 정리와 악의 요소에 대한 숙청 바람을 비켜 지나갔다. 김영삼 정권하에서 이루어진 전두환과 노태우 일당의 군사 반란과 내란죄에 대한 처단에서도 김영삼 정권 자체가 '3당 합당'으로 군사정권(노태우의 민정당)을 산모産母로 하여 태어난 기형적 반쪽자리 문민정권이기 때문에 박정희 시대가 만들어 낸 문제들을 정리하지 못했다. 선거에 의해 수평적 정권 교체로 집권한 김대중 정권도 5.16 쿠데타 세력 일부와의 기형적 연합체인 DJP연합이라는 수구 세력과의 타협체이기 때문에 태생적인 한계를 지니기는 마찬가지였다.

우리는 국민 대중의 자주적 역량과 사회운동으로 이러한 문제를 제기할 수밖에 없다. 우선 우리는 《민족일보》 사건과 같은 반反혁명적 사건에 연관되어 있는 당사자들을 직접 면담하는 등 진실의 소리를 들어 보고, 진실의 구명운동을 조직화해 나가야 한다. 먼저 이 재판의 심판관들이 살아서 활동하고 있으니, 그들의 양심적 증언이라도 들어 봐야 한다. 잘했으면 잘했다는 말, 잘못했으면 그 사정과 사죄의 소리라도 들어 봐야 하지 않을까? 심판관인 김홍규, 김봉한, 강현태, 이회창, 차영조 등은 얼굴을 드러내고 법조인이라면 법조인의 윤리와 한 시대의 사건을 담당했던 당사자의 한 사람으로서 진실을 말해야 한다.

법률로 포장한
반反혁명 테러리즘으로서의 사법살인:
《민족일보》사건의 정리를 위하여

혁명이 없었거나 유실됐던 우리는 친일파들의 매국 행각·행위를 심판하지 못했다. 그에 이어서 친일파는 기득권을 지닌 실세로 독재 정권의 주체로서 반세기를 지배해 왔다. 그래서 쿠데타로 권력을 찬탈한, 가장 악랄한 친일파이자 부정부패의 독재 원흉인 박정희의 유산마저 심판을 비껴 가게 됐다. 그래서 지금에 와서는 다시 박정희의 개발독재로 돌아가자는, 역사를 거꾸로 돌리려는 일이 백주에 자행되고 있다.

우리는 더 이상 머뭇거릴 여유도 없고 그럴 일도 없다. 결국 친일 수구 부패 세력과의 대결은 피할 수 없다. 여기서 필자는 조용수 사장이나 《민족일보》가 겪은 원죄寃罪 사건 같은 독재 시대의 악몽을 청산하는 작업으로서 다음의 사안을 강구할 것을 제안한다.

혁명이나 변혁이 아닌 한 구시대의 잔재 청산과 원죄 문제의 해결은 특별법 제정과 특별기구의 설치에 의해 해결될 수 있다. 그러나 이것은 정부와 입법부가 해야 할 문제로서 현재의 정치 상황에서는 기대하기 어렵다.

다음의 방법은 민간인 차원에서 모색할 수 있다. 시민사회운동이나 민주화운동의 차원에서 우선 구정권의 흑막에 대한 백서를 간행하고, 관계자의 증언을 모아서 자료를 확보한다. 아울러 민간인 차원에서 조사기구를 설치하고 운영하면서 진상을 밝혀 나간다.

위와 같은 조사와 운동은 단순한 학술적 행사가 아니다. 민주화와 민족문제 운동의 일환이다. 반민족 친일파 세력이나 구세력의 잔당이 방해하고 반격해 올 것은 충분히 예상해야 한다. 이 시대의 민족운동이자 민주화운동, 통일운동의 일환으로 밀고 나가야 할 것이다.

독재 체제를 넘어
실질적 민주주의로

지구상의 독재자들이 민중혁명에 의해 최후를 맞이하고 있다. 리비아의 독재자 무아마르 카다피Muammar Gaddafi의 종말은 알제리·튀니지·이집트 등을 휩쓴 '아랍의 봄'으로 불리는 민중봉기가 이룩한 승리이다.

리비아의 42년 철권통치 독재자 무아마르 카다피의 비극적 종말을 지켜보면서 영원한 독재는 없음을 확인할 수 있다. 무아마르 카다피가 국민에 의해 처단된 것은 '반인륜 정권은 비록 시간이 걸리더라도 반드시 몰락의 참혹한 최후를 맞는다'는 사실을 입증한다.[1]

루마니아의 독재자 니콜라에 차우셰스쿠Nicolae Ceausescu는 친족 중심의 독재정치로 동유럽 사회주의 몰락에 맞서려 했으나 1989년 12월 시위 발생 일주일 뒤 부부가 함께 국민의 손에 총살당했다. 이라크의

---

[1] 시사 주간지 《타임》은 카다피처럼 자국민 손에 축출되는 등 비참한 최후를 맞은 세계 각국 독재자 15인을 정리해 보도했다. 바샤르 알-아사드 시리아 대통령 등 아직까지 집권하고 있는 지도자는 포함되지 않았다. ▲무아마르 카다피(리비아)=1969년 친(親)서방 성향의 왕정을 무혈 쿠데타로 무너뜨리고 리비아의 최고 권력자가 됐다. 1977년에는 사회주의와 이슬람주의, 범아랍주의를 융합한 '자마히리야(인민권력)' 체제를 선포, 인민 직접민주주의를 구현하겠다며 헌법을 폐기한 뒤 42년간 전제 권력을 휘둘러 왔다. 중동·북아프리카 민주화 시위로 약 8개월 만에 고향 시르테에서 비참한 최후를 맞았다. ▲사담 후세인(이라크)=1979년 이라크 대통령직에 취임한 뒤 독재정치를 해 오다 미국의 침공으로 2003년 고향인 티크리트에서 체포됐다. 집권 당시인 1982년 시아파 주민 148명에 대한 학살을 주도한 혐의로 재판에 넘겨진 뒤 사형선고를 받고 2006년 12월 교수형에 처해졌다. ▲아돌프 히틀러(독일)=1933년 나치당 당수로 독일 총리직에 오른 뒤 제2차 세계대전을 일으키고 유대인 학살을 자행했다. 제2차 세계대전에서 패색이 짙어지던 1945년 4월, 아내인 에바 브라운과 베를린의 지하 벙커에서 스스로 목숨을 끊었다. ▲베니토 무솔리니(이탈리아)=1922년부터 21년간 이탈리아 파시스트당 당수와 총리로 재직하면서 제2차 세계대전에 참전했으나 1943년 연합군 상륙과 함께 실각해 체포되고 감금됐다. 1945년 4월 스위스로

달아나다 코모 인근 마을에서 의용군에 체포돼 처형됐으며 이후 시신이 일반에 공개됐다. ▲폴 포트(캄보디아)＝1975~1979년 크메르루주 정권의 수반으로 유토피아 건설이라는 명분하에 약 170만 명의 양민을 학살했다. 1998년 4월, 73세의 나이로 고국에서 비교적 평온하게 생을 마감했으나 생존한 크메르루주 지도자들은 아직도 재판을 받고 있다. ▲이디 아민(우간다)＝1971~1979년 우간다를 철권통치하면서 반대파를 대량 학살해 악명을 떨쳤다. 반대파의 배신으로 고국에서 추방, 리비아를 거쳐 사우디아라비아로 망명했으며 2003년 8월 사우디에서 암으로 사망했다. ▲모부투 세세 세코(자이르)＝1965년 쿠데타로 권력을 잡은 뒤 30여 년간 대통령으로 독재정치를 펼쳤다. 1997년 5월 반군의 무장봉기로 모로코로 피신한 후 같은 해 9월 암으로 사망했다. ▲니콜라에 차우셰스쿠(루마니아)＝24년간 대통령으로 루마니아를 철권통치하다 1989년 12월 민중봉기로 축출된 뒤 군사법정에서 사형을 선고받았으며, 며칠 만에 아내와 함께 총살됐다. ▲슬로보단 밀로셰비치(세르비아)＝1989년 세르비아 대통령으로 선출된 뒤 알바니아계 코소보 주민에 대한 '인종 청소'를 단행했다. 2000년 민중봉기로 실각한 뒤 이듬해 세르비아 경찰에 체포돼 네덜란드 헤이그에서 전범 재판을 받았으며 2006년 감옥에서 사망했다. ▲장-클로드 뒤발리에(아이티)＝아버지인 프랑수아 뒤발리에에게 대통령직을 물려받은 뒤 1971년부터 1986년까지 15년간 독재자로 군림했으며, 가난에 지친 국민들의 반발과 미국의 압력으로 축출, 프랑스로 망명했다. ▲페르디난드 마르코스(필리핀)＝1965년 대통령직에 당선된 뒤 대통령 연임 금지 조항을 개정하고 1986년까지 재직했다. 독재와 부정선거를 비판하는 민중봉기로 대통령직에서 사퇴한 뒤 하와이로 망명, 1989년 호놀룰루에서 숨을 거뒀다. ▲호스니 무바라크(이집트)＝1981년 안와르 사다트 당시 대통령이 암살되자 부통령으로서 권력을 승계한 뒤 30년간 이집트를 통치했다. 지난해 말 튀니지에서 시작된 민주화 물결이 이집트에도 영향을 미치면서 반정부 시위가 발생하자 올해 2월 대통령직에서 사퇴했으며, 부정부패 등의 혐의로 재판을 받고 있다. ▲풀헨시오 바티스타(쿠바)＝1952년 쿠데타로 정권을 장악한 뒤 의회와 언론을 통제하고 부정부패를 일삼았다. 1959년 피델 카스트로가 이끄는 반정부 단체가 혁명을 일으키면서 축출됐고, 도미니카공화국과 포르투갈 등으로 망명했다가 스페인에서 사망했다. ▲안토니오 데 올리베이라 살라자르(포르투갈)＝1932년부터 1968년까지 36년간 수상으로 포르투갈을 통치하며 경제 발전을 이룩했으나 식민지 독립을 인정하지 않고 국제사회와 대립했다. 1968년 뇌혈전증으로 물러났다가 1970년 사망했다. ▲알프레도 스트로에스네르(파라과이)＝1954년 군부 쿠데타로 대통령에 취임하고 비상사태 선언, 헌법 개정 등을 통해 여덟 번 연속 대통령에 당선되며 독재정치를 펼쳤으나 1989년 역시 군부 쿠데타로 실각, 망명지인 브라질에서 생을 마감했다(「〈비참한 최후를 맞은 20세기 독재자 15인〉」, 《연합뉴스》 2011년 10월 21일 자).

독재자 사담 후세인Saddam Hussein 역시 최후에는 토굴 속에 숨어 있다가 체포돼 2006년 교수형에 처해졌다. 30년 권좌의 호스니 무바라크 Hosni Mubarak 전 이집트 대통령도 지난봄 권좌에서 쫓겨나 현재 병상에 누워 재판을 받고 있다.[2]

우리 헌정사에서도 독재자들은 불행한 최후를 맞이했다. 초대 대통령이면서 독재로 영구 집권을 꾀하다 4.19 혁명에 의해 대통령직에서 하야下野하고 하와이 망명으로 불행한 최후를 맞이한 이승만 대통령과, 5.16 쿠데타로 집권하여 18년 장기 집권을 하다 부하의 총탄에 최후를 맞이한 박정희 대통령이 있다. 또한 박정희 군사독재의 아류로서 12.12 군사 반란과 5.17 쿠데타로 집권한 전두환·노태우 전직 대통령들은 군사 반란과 천문학적 숫자의 정치자금을 받는 등 뇌물죄 등으로 현대판 백담사 유배流配와 교도소 철창신세를 져야 했다.

우리가 기억해야 할 것은 독재자가 사라지고 권좌에서 물러난다고 해서 모든 것이 끝나지 않는다는 것이다. 우리가 오늘날 경험하고 있는 우리 사회 역사의 역주행과 민주주의의 퇴행이 이를 증명한다. 시민 대중이 주도하는 민주화와 개혁이 아니면 구시대는 계속된다. 독재자 한 명이 죽었다고 독재가 끝난 것은 아니며, 독재를 뒷받침하고 있던 독재체제가 청산되어야만 하는 것이다. 독재 체제가 청산되지 않음으로 인하여 역사 교과서 개편 등 역사의 역주행과 민주주의의 퇴행을 조장하

---

[2] 세계의 독재자들을 정리한 책으로는 후쓰지 쇼지(六辻彰二), 『世界の獨裁者 現代最凶の20人』(幻冬舍, 2011) 참고.

는 군사독재 체제의 아류와 수혜자들이 기득권을 항구화하려는 작업을 끊임없이 시도한다. 이처럼 독재 체제에서 이득을 보며 기생한 지배 세력이 기댈 곳이 없도록 민주화가 되어야 한다. 민주화의 첫걸음과 실질적 민주주의 완성의 시작은 독재 체제의 청산이다.

쿠데타로 집권한 전직 대통령인 전두환과 노태우에게 내란죄 유죄판결을 내려 단죄함으로써 일단 쿠데타 정권을 인정할 수 없음은 분명히 했다. 그런데 그들에 대한 사면 석방과 그들의 부정한 재산과 기득권에 대한 처리의 미미함은 아직도 군정 지배를 나쁘게 보지 않고 멍청하니 기정사실로 인정하는 결과를 남겼다. 흔히 전직 대통령을 어떻게 처벌하겠냐고 한다. 바로 그들이 쿠데타로 대통령이 됐기 때문에 잘못된 것인데도 말이다. 여기서 우리는 그들이 법률을 이용해서 어떻게 집권을 지속해 왔는가를 똑바로 보고 다시는 어느 누구도 그러한 일을 못하도록 막아야 한다. 헌정 파괴자는 개인이든 집단이든 어느 누구도 치외법권 지역에 놓아두어서 안 되며, 그런 사람들은 미친 개 때려잡듯이 취급해야 한다. 바로 그것이 아리스토텔레스 이래로 내려온 폭군방벌론暴君放伐論이 아닌가? 우리는 이러한 시민적 전통을 가지지 못했기 때문에 군사 폭군의 노예가 되는 치욕을 겪었다. 이를 다시 되풀이할 수는 없다. 이를 위해 최소한 다음 몇 가지 점을 제안해 본다.

투표 방식과 행태부터 고쳐 가자

한국의 선거 문화를 우민정책에 묶어 두는 제도로는 호별 방문 금지, 선거운동 기간의 제한과 운동원의 한정 및 그 밖에 각종의 선거운동의 지나친 규제 등을 들 수 있다. 그 가운데 비교적 가볍게 지나쳐 버리고 마는 것이 **기호투표**記號投票 방식이다. 이 투표 방식은 1948년 한국 최초의 선거인 5월 10일 국회의원(제헌의원) 총선거 당시에 글자를 읽고 쓸 줄 모르는 문맹자들의 투표 참가에의 편의를 도모하기 위한 수단으로 도입된 후진국형 투표 방식이다. 원래 투표자의 의사 표시는 자기 손으로 후보자의 이름을 투표용지에 써넣는 **기재투표**記載投票 방식이 올바르다. 일본도 그렇고, 세계 어느 나라든지 기재투표 방식을 사용한다.

5.10 총선거 당시에는 아라비아숫자가 아니라 작대기로 기호를 표시했다. 그래서 작대기 하나요, 또는 작대기 셋이요, 하고 홍보활동을 했다. 그 이후 지금처럼 붓 뚜껑으로 찍는 투표 방식이 나왔는데, 어느 쪽에 찍혔느냐를 가지고 싸움이 나기도 했고, '피아노표'라고 해서 야당표를 무효화하려고 손가락에 붓 뚜껑 표시의 고무도장을 끼고 덧칠하듯 다시 찍어 버려서 무효표로 만드는 조작이 나오기도 했다. 특히 독재 정권하에서 정부 여당은 문맹에 가까운 정치의식이 낮은 사람들이나 노인들의 표를 동원해 수집함으로써 재미를 봤기 때문에 이러한 기호투표 방식을 선호했다.

투표용지에 후보자의 이름과 그 위에 숫자를 나열하고 붓 뚜껑으로 원하는 후보를 찍는 원시적 방식을 50년이 지나도록 사용한다는 것은 무슨 희극인가? 후보 이름을 모르거나 이름을 쓸 줄 모르는 사람의 표를 의식해서 이러한 투표 방식을 고수하고 정치적 동면 상태를 지속시키는 독재 정권의 우민정책 수법을 이제는 폐기해야 한다. 그래야만 우리 국민이 정치적으로 성숙한 시민이 될 수 있다.

자기 손으로 투표한 것은 자기가 선택한 후보자를 스스로 기재함으로써 실감할 수 있다. 우리는 선진국이라고 하면서 후보 이름도 쓰지 않는 투표 방식을 아직도 사용하여 막대한 종이와 불필요한 붓 뚜껑과 도장밥을 낭비하고 있다. 특히 1992년 대통령 선거 당시에는 둥그런 붓 뚜껑 가운데 '시옷(ㅅ)' 받침의 기호가 있어서 김영삼의 'ㅅ'을 연상시키는 심리 조작을 한 것이 아니냐는 의심을 사기도 했다. 사실 그러한 정치 심리가 조작이 됐는지도 모른다. 우민정책으로 민중을 동면 상태에 두어 정치 불감증의 바보를 만드는 제도들은 모두 쓸어버려야 한다. 우리에게는 자존심도 없는가? 인도의 문맹 사회처럼 황소나 오막살이집을 투표용지에 그려 넣고 자기의 선택을 표시하라 했던 투표 방식을 쓰는 어리석고 부끄러운 짓은 하루라도 빨리 때려치워야 한다.

일제 식민 잔재를 왜 청산해야 하는지에 대한 문제의식을 갖자

일제 친일파나 그 아류가 일제 식민지 시대의 탄압 수법과 우민정책을 그대로 써먹어 왔다는 사실은 우리의 민족적 긍지 문제는 물론 민주화를 위해서도 더 이상 용납할 수가 없다. 지금 우리가 민주화를 해야 한다는 이야기는 우리의 생존 요구로서 기본 조건을 이루어 내야 한다는 이야기이다. 그저 막연히 장식이나 명분의 문제가 아니다. 이는 우리가 사람답게 살 수 있는지 여부의 문제이다.

일제가 서구 제국주의로부터 배운 통치 수법 가운데 하나가 법률의 기술을 악용하는 관료의 통치술, 나아가서 중국인이 법비法匪라고 부른 법률 악용의 나쁜 기술이다. 그들은 우리에게 부동산 소유권 등기제도의 도입 과정에서 토지조사 신고 절차부터 근대법 지식이 백지상태인 한국 민중을 속이고 골탕 먹였다. 일본의 민간인들도 식민지 조선에서 법률을 잘 모르는 한국인들을 법률의 올가미로 속이고 강권으로 재산을 빼앗았다. 공사公私 모든 분야에서 일제 법률 정책의 피해자인 한국인이 아직도 독재 정권과 그 기득권 부패 세력의 법률 놀음에 놀아난다는 사실은 비극이다. 그래서 우리는 일제 잔재를 반드시 청산해야 한다고 강조하는 것이다. 새삼스럽게 말하는 것 같지만 우리 사회의 반민주·반민족 세력의 핵심이 친일파 세력과 그 아류이기 때문에 이 점은 아무리 강조해도 지나치지 않다.[3]

정치의 투명화와 참여 민주주의가 이루어져야 한다

독재정치는 밀실에서 소수가 결정하는 지배이고, 반대로 민주정치는 공개적으로 개방된 시민 참여의 정치이다. 무엇보다 국가기관의 일을 국민이 알 수 있도록 국가 정보가 공개되어 투명하게 처리되어야 한다. 주권자가 모르는 나랏일이란 있을 수 없다. 독재자는 으레 안보라는 이름으로 극비極秘와 보안을 내세워서 국민을 바보로 둔 채 속여 왔다. 더 이상 이러한 바보 놀음을 할 수는 없다.

우선 독재 정권의 행적부터 공개하여 정밀 분석하고 시정 조치되어

---

[3] 우리 현대사는 과거사에 대한 '관대함'으로 인해 너무도 많은 희생을 치러야 했고, 겪지 않아도 될 일을 경험해야 했다. 잘못된 일에 대한 묵인·방조·체념이 혼란의 역사를 부채질한 것이다. 한 걸음씩 전진하고자 한다면 지속적인 과거 청산을 게을리해서는 안 된다. 독재 정권에 대한 인적·물적 청산의 시작은 한편으로 해방 후 이루지 못한 일제 잔재 청산의 밑거름이 될 수 있다. 과거 친일 세력과 냉전 세력이 서식해 온 온상은 독재 정권이었다. 따라서 친일 세력과 냉전 세력을 극복하는 길은 독재 정권의 잔재를 철저히 청산하고 민주주의를 적극적으로 발전시키는 것이라 할 수 있다. 왜냐하면 군사독재 정권의 실세들이 다 친일파 출신, 만주군 출신들이기 때문이다.

야 한다. 혁명이나 개혁이라고 하면 무엇보다 구정권의 부정부패와 악습 및 추정을 공개하는 데에서 출발해야 한다. 우리에게는 비밀이라는 이름으로 주권자의 눈을 가리고 속여 온 일이 너무나 많다. 국민에게 비밀로 하고 자기들만 알려고 하는 자들은 도대체 국민을 뭐라고 보는 것인가? 국민이 주인인가, 아니면 부패 무능한 관료와 정상배 그들 몇 명이 주인인가? 너무나 뻔한 이치를 속여 온 것이 아닌가?

유교적 정치문화의 한계를 돌파해야 한다

아시아의 유교 봉건 이데올로기를 신봉해 온 왕조하의 보수 수구 기득권 세력은 서양의 근대 민주제도와 과학기술 및 산업 문물을 도입해야 생존할 수 있는 절박한 시기에도 유교 윤리의 보존을 고집해서 살아남으려고 했다. 중국에서는 위안스카이袁世凱의 공자교孔子敎의 국교화 시도나 장제스의 유교 정신문화의 신생활운동이 실패했다. 일본제국의 충효 윤리는 성공한 듯 했으나 제2차 세계대전으로 파산했다. 그러나 패전 후 수구 세력은 천황제와 유교 윤리에 매달려 오며 일부 성공한 듯한 모습을 보이기도 한다.

이러한 일본의 예에 고무된 친일 세력이나 구시대 봉건 잔존 아류들은 한국에서 박정희의 가부장적 권위주의·유교적 권위주의를 찬양하며 유교 문화권 어쩌고 하며 수구 윤리에 매달려 왔다. 이 유교적 성향은 남쪽을 유교적 **자본주의**라고 하고, 북쪽을 유교적 **사회주의**라고 할 정도로 우리들은 봉건 왕조 이데올로기를 철저하게 청산하지 못했다. 그 단적인 표현이 박정희의 충효 윤리 강조이고, 그에 편승한 파벌주의적·족벌주의적 사회행태의 확산이다. 또한 정치 연고 중심의 파벌주의, 재벌의 족벌식 경영과 소유의 상속 형태, 사회적 패거리 의식과 독재 정권이 양산하고 조장한 지역 파벌주의 · 학연주의 · 학벌주의를 들 수 있다.

선진 문명권에서 살아남으려면 민주주의와 과학기술을 기초 토대로 해야 하는데, 우리는 유교적 권위주의의 봉건적 · 전제 왕조적 정치행태나, 합리주의를 외면한 암송식 · 모방 추종식 사고방식에 사로잡혀서 컴퓨터와 시장경제로 상징되는 사회에서 스스로 낙오자가 되려고 한다. 그것이 국민을 우민화해서 독재 세력이나 구시대 기득권 부패 세력의 재물 소유에 대한 안전성을 담보해 준다고 착각하는 자가 아직도 있으니 안타까운 일이다. 바로 그러한 풍토에서 독재 정권의 우민정책이 50년간 명맥을 유지해 온 것이라고 하겠다. 그러나 더 이상 봉건 이데올로기의 사고방식으로 대중 시대의 고도의 정치 조작 기술을 혼합한 교묘한 우민정책으로 독재가 다시금 통하게 해서는 안 된다.

미국 정부가 플레인 잉글리시plain English라는 알기 쉬운 영어를 법령의 문장과 공문 및 계약 등의 문서를 쓸 때 의무화했듯이, 법제 분야부터 정보와 지식을 국민이 쉽게 접근해서 알아보게끔 공개해서 국민이 참여하는 민주주의의 새로운 세상이 이룩되도록 해야 한다. 법률생활에서 기본 지식과 정보가 어문으로 차단되고 저해되는 부분부터 제거해 가면서 민주화의 장애물을 쓸어 내야 한다. 그러한 첫번째 과제는 군사독재 정권이 법을 어떻게 이용해서 국민을 우민화하여 지배해 왔는지 분명히 아는 일이 아니겠는가? 여기서 다시 군사정권의 독재에서 법률 기술의 정치적 악용의 실체가 무엇인지 정리해 보자.

군사정권에서 독재를 한 주역이나 그 추종자들은 결국 모든 국민을 이등병으로 보았다. 여기서 이등병이라 함은 명령에 복종하는, 자기 지휘하에 있는 객체라는 의미이다. 그러나 국민은 개개인이 존엄한 인권의 주체이고, 시민으로서는 민주주의의 주역이어야 한다.

군사정권의 주역들은 국가 운영을 병영兵營의 관리管理로 생각하고 행동했다. 그러나 나라의 살림은 병영과 같은 명령 · 복종의 체제만 따르는 것이 아니다. 쿠데타 직후 군정의 제일 강력한 명령이자 국민의 기를 꺾는 지시는 좌측통행을 준수하도록 강제한 것이다. 이탈리아의 베니토 무솔리니Benito Mussolini가 1922년 쿠데타 직후 권력의 강제적 명령으로 기차 시간을 맞추었듯이 말이다. 그러나 시민사회의 교통 규칙은 시민의 공중도덕에서 우러나와야 한다. 밑으로부터 우러나오는 자율의 윤리를 위로부터 강압적으로 덮어씌우는 것으로 대신할 수 없다.

군사정권은 정치를 적敵을 격파하는 군사작전식으로 해 나갔다. 그러나 민주정치는 시민의 동질성과 당파 사이에 규칙rule을 준수하며, 지기도 하고 이기기도 하는 국민 다수의 지지를 얻기 위한 경쟁이다. 정치판을 전쟁판으로 본 군정 독재자들은 시민사회 자체의 싹을 뭉개 버렸다.

무엇보다 시민적 법치국가에서 법률이라는 것은 시민의 자유와 권리를 보장하기 위한 제도여야 한다. 그런데 군정 독재자는 법률을 권력자 명령으로만 알고 통제 기능 일변도로 법률을 운영한 채, 시민국가의 법률의 보장적 기능을 상실시키고, 결국 법률을 관료의 통치기구로 전락시켰으며, 거기에 더하여 법률을 기술적으로 악용해서 시민국가로서의 기본 바탕을 없애 버렸다. 결국 경쟁 사회인 시민사회에서 법률을 바로 세우지 못한 결과 약육강식의 정글 상태를 만들어 시민 윤리를 파산으로 몰고 갔다.

　우리가 민주질서를 바로 세우고 실질적 민주주의를 완성한다는 것은 군사독재가 시민사회를 붕괴시킨 황폐화된 폐허에서 다시 시작하는 어려운 고비를 겪어야 함을 의미한다. 이러한 현실을 직시하고 출발해야 하며, 바로 그렇기 때문에 법 기술을 악용하고 **무법지대**로 만든 과정을 검증하고 비판하는 것이다.